죽음이 배꼽을 잡다

초판 1쇄 발행 2020년 4월 20일
초판 3쇄 발행 2020년 5월 25일

지은이 송길원
펴낸이 송길원
편집 김정연
마케팅 알쓸신세
북디자인 디자인홍시

펴낸곳 하이패밀리
제작처 도서출판 해피홈 031-772-3223
총판 (주)사랑플러스 02-3489-4380

등록 2001년 11월 28일 제 2001-000291호
주소 경기도 양평군 서종면 잠실2길 35-55
전화 031-772-3223(대)
팩스 031-772-4990
이메일 help@hifamily.org
홈페이지 www.hifamily.org
ISBN 978-89-91662-23-0 03200

값은 뒤표지에 있습니다.
잘못된 책은 바꿔드립니다.

이 도서의 국립중앙도서관 출판시도서목록(CIP)은 서지정보유통지원시스템 홈페이지(http://seoji.nl.go.kr)와 국가자료공동목록시스템(http://www.nl.go.kr/kolisnet)에서 이용하실 수 있습니다. (CIP제어번호 : CIP2020014543)

「임종유머와
인문학의
만남」

죽음이 배꼽을 잡다

송길원

내 삶을 뒤집어 놓을 명쾌한 문장들

하이패밀리

태초에 웃음이 있었다

첫 사람, 아담과 하와는 배꼽이 있었던 것일까?
신의 한 수(手)는 절묘했다.
하나님의 삑사리였다.

배꼽을 잡고 웃는다는 건
신의 한 수에 다가서 보려는 인간의 본능인 것인가?

잇몸이 만개했다. 발가락이 물구나무를 섰다.
심장이 요동쳤다.
온몸이 웃었다.

황금 똥이다.

28개의 치아를 다 드러낸 웃음이 통쾌하다. 머리끝부터 발끝까지 웃을 수 있다니……. 이런 축복이 어디 있는가? 그는 웃음으로 세상을 정복한 거다. 행복자로다(cf. 신 33:29).

김영우 作

머리말에 대한 생각

꼬리가 아닌
상투를 잡아야 모두를 얻는다

그 많은 책을 펴내고 어록 제조기로 알려진 이어령 박사가 말했다. 아직 써 보고 싶은 주제가 남아 있다고.

"죽음의 세계에 대한 것이다. 희랍어에서 온 단어 자궁(womb · 움)과 무덤(tomb · 툼)은 놀랄 만큼 닮아 있다. 인간은 태어나는 게 죽는 거다. 기저귀가 까칠한 수의와 닮지 않았나. 이 부조리함에 관해 쓰고 싶다."

나도 감히 해보고 싶은 작업이 있었다. 임종 유머에 도전해 보는 일이었다. 의학 유머도 있다. 병영 유머도 있고 강단 유머도 있다. 법정 유머는 말할 것도 없다. 그런데 임종 유머는 없다. 아니, 있긴 하다. 블랙 유머다. 바람 피운 이야기가 대부분이다. 뒷맛이 씁쓸했다.

서양인들은 초상집도 잔칫집으로 만들어 즐긴다. 그런데 유독 한국 사람들은 잔칫집도 초상집으로 만들어 산다. 난, 그게 너무 웃겼다. 그냥 죽음을 웃고 싶었다. 유머 모음집이라 하면 '싱거운 놈' '웃기는 놈'이라 할까

봐 인문학을 버무리기로 했다. 군데군데 성찰의 메시지를 새겼다. 잠시라도 옷깃을 여며 보라는 의미에서였다. 감히 '죽음의 세계'를 논할 실력은 아니기에 여러 글들을 옮겨 왔다. 소원하는 것 하나가 있었다.

중세는 죽음으로 넘쳐났다. 당시 유럽을 뒤흔들었던 흑사병은 1346~1352년 7500만 명 이상의 목숨을 앗아갔다. 당시 유라시아 인구의 4분의 1이 넘었다. 죽음의 공포 속에서 그들의 손에는《죽음의 기술(Ars Moriendi)》이라는 소책자가 들려 있었다. 늘 죽음을 준비하고 살았다. 언제 다가올지 모를 죽음의 공포와 두려움 속에서 그들이 할 수 있는 일은 '준비된 죽음'이 답이었다. 이번 코로나19 사태는 어쩌면 우리에게도 같은 메시지를 던지고 있는 것은 아닐까? 신종 코로나 바이러스와의 전쟁은 여전히 진행 중이다. 이제는 어쩌다 방문하는 불청객이 아니다. 우리 곁에 자주 다가오는 '반갑지 않은 방문객'이다. 앞으로도 치러야 할 총성 없는 전염병과의 전쟁에서 가장 경계해야 할 바이러스는 영혼을 병들게 하는 절망과 좌절의 바이러스다.

언제 어떻게 또다시 찾아올지 모르는 끔찍한 전염병과의 전쟁에서 살아남을 가장 확실한 예방 백신이 있다면 바로 웃음이다. 웃음은 희망의 불씨이니까…….

자궁(womb · 움)과 무덤(tomb · 툼)이 닮아 있듯이 임종 유머와 인문학이 하나라는 생각이 들었다. 이 둘을 퓨전하면 전혀 새로운 세상이 열릴 것만 같았다. 인문학의 정수가 죽음이고 죽음의 끝은 웃음이어야 한다는 확신이었다.

고전문헌학자 배철현 교수(전 서울대)는 '인문학'이라는 단어 '휴매너티

즈(humanities)'를 인간의 유한함을 드러내는 단어로 풀이한다. '인문학'이란 인간의 유한함을 깨닫고 무한함을 지향하는 노력이라는 것이다. 그 노력의 결과물이 본서인 셈이다.

생각해 보라. 죽음을 감탄사로 쓰는 민족이 우리 말고 또 누가 있나? 우린 아름다운 풍경 앞에서도 죽음으로 반응한다. "와, 죽여준다!" 맛난 음식을 먹으면서도 "죽이네!" 하고 감탄한다. 절정의 순간에는 언제나 죽음이 있다.

난, 이 책을 읽는 독자들이 모두 멸망(滅亡)했으면 한다. 어떻게 이런 독설을 퍼붓냐고? 재물을 극소화하는 것을 멸재(滅財)라 한다. 크고 작은 원한을 애써 풀어내는 것을 멸원(滅怨)이라 하고, 남에게 진 물질적 · 정신적 부채를 청산하는 일을 멸채(滅債)라 한다. 정든 것들에 미련을 접는 것을 멸정(滅情)이라 한다. 그런 다음에 죽음이 찾아오면 죽음이 편하다. 그 끝이 멸망(滅亡)이다. '망하여 없어진다'는 뜻이 아니다. '죽어서도 죽지 않고 산다'는 뜻이다. 기막힌 역설이다. 난 그것을 '죽음을 죽여주는 것'이라 여겼다. 웃음 말고 죽음을 죽여주는 것이 또 어디 있겠는가?

삶이 즐거웠다면 죽음도 즐거워야 하지 않겠는가?

2020년 새봄에

죽음을 웃겨준 남자 송길원

*본서는《행복한 죽음》(나남), 애도를 위한
안단테 필사《봄》(나남)에 이은 세 번째 편이다.

"벌이 이 꽃 저 꽃에서 약탈을 해도
일단 꿀을 만들면 그 꿀이 전부 벌의 것이듯,
다른 사람에게서 빌려 온 작품도 마찬가지다.
그 모든 걸 바꾸고, 뒤섞고,
자기 작품을 만들어 내는 것이다."

— 미셸 드 몽테뉴(Michel de Montaigne, 1533~1592)

굳이 출처를 밝히지 않아도 된다.
마음껏 퍼가고 마음껏 제 것처럼 쓸 수 있다.
돈도 쓰는 돈만 제 돈이라 하지 않았던가?
쓰는 사람이 임자다. 유머가 그렇다.

일러두기

1. 손에 들린 이 책의 글들은 오직 유머로서만 읽히기를 바란다.

2. 책의 각 장은 아리스토텔레스의 미학의 세 요소(재미-유익-감동)를 따라 구성되었다. QR코드에 스마트폰을 갖다 대면 동영상이 재생되어 책 읽는 재미를 더해 준다.

3. 유머는 여러 채널을 통해서 채집되었다. 외국의 유머는 직접 번역과 함께 편역을 했다. 봉준호 감독이 이야기한 '1인치의 장벽'이라고 보면 된다.

4. 김치의 원조가 누굴까? 배추를 절이고 고춧가루와 젓갈… 양념으로 버무린 사람이 원조다. 결국은 똑같은 식자재를 가지고 똑같이 담가도 맛은 제각기다. 김치는 손맛에 있다. 각자의 입맛으로 버무려 자신의 것으로 삼으라. 온 세상이 한번 웃은 것만으로 충분하지 않은가?

5. 어떤 글은 SNS 등에서 퍼온 것도 있다. 이야기의 주인공을 찾기가 어려웠다. 추후 밝히고 싶다. 만나 그 인격의 향기에 물들고 싶다.

6. 유머 베스트 12는 책의 흥미를 위해 덧붙인 것이다. 역시 베스트 12도 본인이 우기면 우기는 대로다. 우기는 자가 이기는 자다.

7. 최선을 다했다. 나머지는 개정증보판으로 보완해 갈 것이다.

웃은 죄

즈름길 묻길래 대답했지요,
물 한 모금 달라기에 샘물 떠주고,
그러고는 인사하기 웃고 받었지요.

평양성에 해 안 뜬대두
난 모르오,

웃은 죄밖에

—파인(巴人) 김동환, 《신세기》 1938년 3월—

차례

이제 생각났어,
죽음 생각!

·
·
·

삶과
죽음의
앙상블__

I

선글라스를 쓴 장례식

•

이춘선 할머니(1921~2015)는 노년에 들어 묘비에 이렇게 새겨 달라고 부탁했다.

"더 힘써 사랑하지 못했음을 서러워하노라."

그리고 특별한 부탁을 하나 더 했다. 장례미사 때 신자들을 한바탕 웃겨 달라는 것이었다. 하느님 곁으로 가는 기쁜 날, 신자들을 울려서는 안 된다는 뜻이었다.

신부였던 막내아들은 선글라스를 쓰고 강론을 하여 신자들을 웃게 했다고 한다.

삶이 즐거웠다면
죽음도 즐거워야 한다.

Just do it

•

때는 1977년, 목사가 사형수에게 묻는다.
"하고 싶은 마지막 말이 있습니까?"
잠시 침묵한 후 사형수가 입을 연다.

.

.

.

"자, 시작합시다(Let's do it)!"

11년 후 이 일화를 떠올린 한 광고인이 중얼거린다.
"용기가 하늘을 찌르는군. 어서 사형시켜 달라고 재촉하고 있잖아."
그는 사형수의 이 쿨한 말을 살짝 비튼다.

나이키의 '일단 시작해(Just do it)!'는 그렇게 탄생했다.

친구와의 약속

●

두 절친이 있었다. 그들은 엄청난 야구 팬이었다. 모든 게임의 통계를 기록하고 분석할 정도였다. 만나기만 하면 화제는 야구로 시작해 야구로 끝났다.

그들은 둘 중 한 명이 먼저 죽으면 꿈에 나타나서 천국에도 야구가 있는지 알려 주기로 약속했다.

친구 한 명이 먼저 죽었고, 약속대로 다른 친구의 꿈에 나타났다.

"찬호, 너니?"

"응, 나야."

찬호가 대답했다.

"정말 믿기지가 않아! 약속을 지켰구나!"

민식이가 말했다.

"그래서, 천국에도 야구가 있는 거야?"

"좋은 소식부터 알려 주자면, 천국에도 야구가 있어."

"정말 기쁜 소식이다. 근데 나쁜 소식은 뭐야?"

"네가 내일 선발이야."

왜 안 죽지?

•

카페에서 한 꼬마가 장난감 총을 가지고 손님들에게 '슝 슈~슈~슝' 하며 장난을 치고 있다.

손님들이 반응이 없자, 꼬마가 악을 쓰면서 외쳤다.

"왜 안 죽어? 죽어!!!"

그 소리를 듣고 있던 엄마가 총을 빼앗으면서 하는 말.

.

.

.

"너보다 약한 사람은 니 아빠밖에 없단 말이야!!!!"

어쩔 수 없지

•

오랜 친구 사이인 두 할머니가 만나 이야기를 나누고 있었다.

서로의 안부를 묻고 나서 한 할머니가 말했다.

"바깥 영감은 잘 계신감?"

"지난주에 죽었다오. 저녁에 먹을 상추를 뜯으러 나갔다가 심장마비로 쓰러졌지 뭐유."

"저런 쯧쯧, 정말 안됐소. 그래서 어떻게 하셨소?"

.

.

.

"뭐, 별수 있나? 그냥 깻잎에다 먹었지."

죽음은 사방이 꽉 막혀 있는 벽이 아니다.
죽음은 다른 세계로 이동하는 문이다.

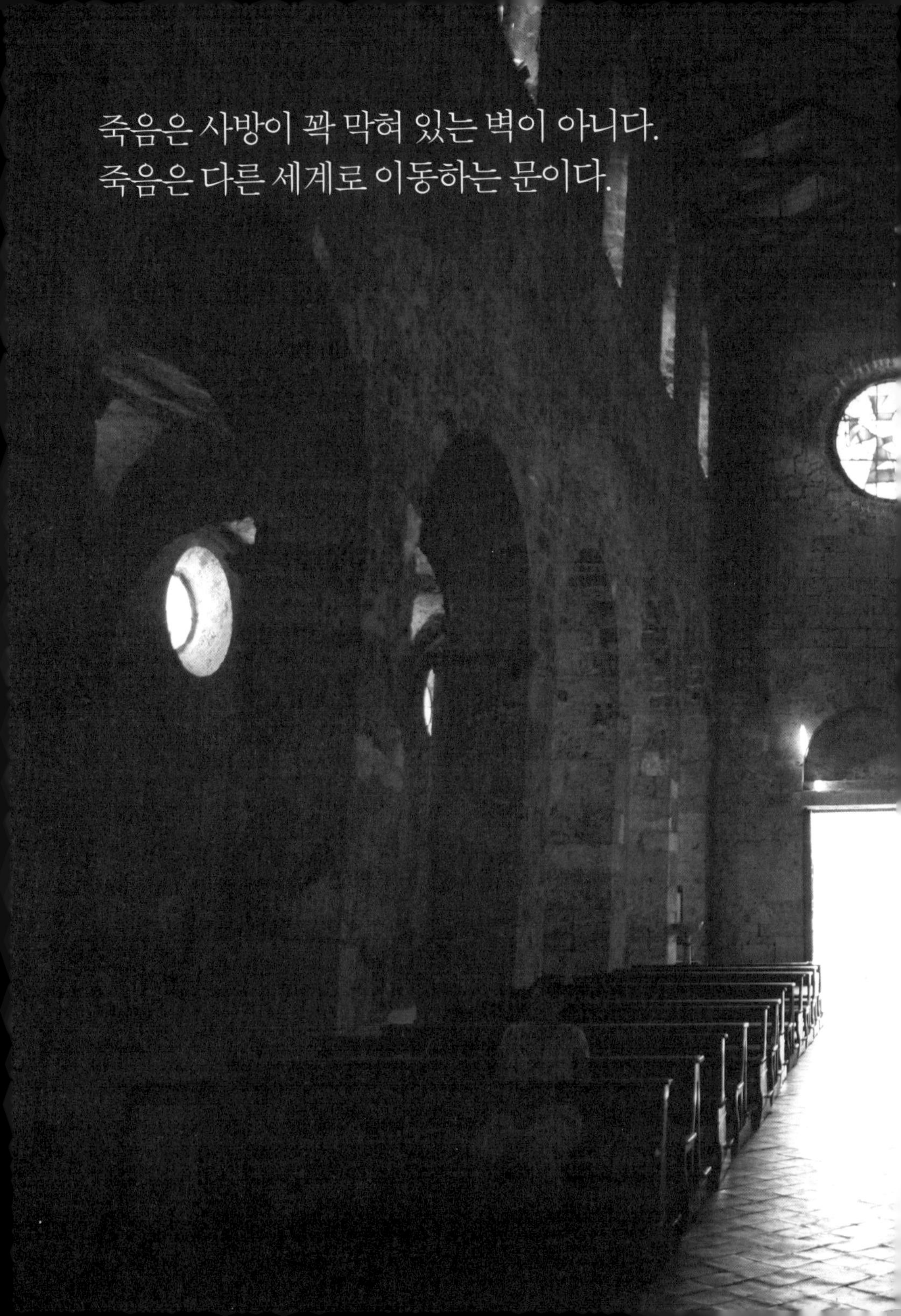

죽음은 끝이 아니다.
죽음은 새로운 시작이다.

— 호주 멜버른 어느 성당에 새겨진 글귀

로마네스크 성당(1000~1100년). 초기 로마네스크 시대. 위대한 철학자 성 토마스 아퀴나스(1225~1274)의 고향 아퀴니오에 세워져 있다.

— **자료제공: 고종희 교수**(미술사학자, 르네상스 전공)

걱정 마

•

독일의 통일을 이룬 헬무트 콜 총리는 정원을 청소하다가 수류탄 3개를 주웠다.

아내와 함께 그 수류탄을 경찰서로 가져가는데 아내가 걱정스럽게 말했다.

"여보, 가는 도중에 수류탄 하나가 터지면 어떡하죠?"

그러자 콜 총리가 대답했다.

.

.

.

"걱정하지 마. 경찰에게 2개를 주웠다고 말하면 되니까."

택시 운전은 처음이라

•

손님이 택시 운전사에게 길을 알려 주기 위해 어깨를 툭툭 건드렸다.

택시 기사는 깜짝 놀라서 버스를 박을 뻔하다가 가까스로 피한 후, 가게를 들이박기 일보직전에 겨우 멈춰 섰다.

놀란 승객이 물었다.

"뭘 그렇게 깜짝 놀라고 그럽니까? 그냥 어깨를 툭툭 친 것뿐인데."

.

.

.

"죄송합니다. 택시 운전은 오늘이 처음인데, 제가 20년 동안 영구차만 운전을 해서……."

영원히 살 것처럼 꿈꾸고,
내일 떠날 것처럼 사랑하라.

#카르페디엠

얼마나 좋길래

●

강단에 선 신출내기 목사가 천국이 얼마나 좋은지를 설교하고 있었다.

밑에 계신 할머니 한 분이 궁시렁거린다.

"천국이 그렇게 좋으면 자기부터 가지."

이번에는 나이 든 목사가 설교를 하는데 또 천국 이야기다.

이번엔 할아버지가 한 소리 한다.

"아, 천국이 좋은 것을 증명을 해줘야지."

목사가 웃으며 답한다.

"할아버지, 친구분인 김 노인도 박 노인도 얼마나 좋으면 안 돌아오고 계시겠어요!"

웃은 죄

•

이웃 여인이 보니, 어린 소년이 층계에 앉아 울고 있었다.

"얘야, 무슨 일이니?"

아이가 답했다.

"우리 아버지 때문이에요. 아버지가 망치로 손가락을 내리쳤어요."

"그런데 왜 네가 울고 있니?"

.

.

.

"내가 맨 처음 웃었거든요!"

낙원

•

죽음의 신 앞에는 우리들의 수명을 나타내는 촛불들이 켜져 있다고 한다. 내 촛불이 꺼지는 날이 바로 내가 그의 앞으로 불려 가는 날이란다.

어느 날, 죽음의 신이 실수로 재채기를 하는 바람에 졸지에 세 사람이 끌려왔다. 실수를 인정한 죽음의 신은 영문도 모른 채 불려 온 세 사람에게 다시 세상으로 보내 줄 테니 어떤 사람으로 태어나고 싶으냐고 물었다.

부잣집 아들과 고관대작의 아들로 태어나고 싶다는 두 사람의 소원을 들어준 다음, 세 번째 사람의 의사도 물어보았다. 그는 부귀영화는 다 필요 없고 그저 아름다운 산속에서 아무런 근심 걱정 없이 살 수 있게 해달라고 청했다.

그러자 죽음의 신이 발끈하며,

"야, 이놈아. 그런 데가 있으면 내가 가지, 널 보내겠냐?"

천국에 갈 수 있나요?

•

한 부인이 물었다.

"제 남편은 골초에다 깡술이에요. 그런데도 이런 인간이 교회는 안 빠지고 다녀요. 과연 이런 인간도 천국에 갈 수 있나요?"

잠시 머뭇거리던 목사가 답했다.

.

.

.

"모르긴 해도, 빨리는 갈 겁니다."

우리를 부르신 이유

기쁨은 지상에서든 천상에서든 모든 거룩한 삶의 알짬(여럿 가운데에 가장 중요한 내용)이다. 기쁨은 하나님과 가장 잘 통하는 삶의 표현이다. 하나님이 우리를 부르신 것은 삶의 근원적인 흥에 겨워 웃게 하기 위해서다. 하나님을 믿는다면서 기뻐하지 않고 웃음을 멀리하는 사람은 딱하기 그지없는 사람이다.
W. H. 오든이 말한 대로 웃음을 멀리하고 '기쁨을 미워하는 사람은 불의한 사람'이기 때문이다.

— 김순현, 《정원사의 사계》 중에서

처방전

●

화가 잔뜩 난 표정으로 약국을 찾은 여자, 약사에게 비소를 달라고 주문했다.

"비소요? 그건 독극물인데 어디에 쓰실 건가요?"

여자는 약사를 한번 훑어보더니 흥분된 어조로 말했다.

"남편을 죽이려고요."

"예? 어찌 그리 험한 말을……. 그런 목적이라면 절대 팔 수 없습니다."

여자는 핸드백에서 꺼낸 사진 한 장을 약사의 눈앞에 들이밀었다. 약사가 눈이 똥그래 가지고 쳐다본다. 사진에는 그녀의 남편과 한 여자가 키스하는 장면이 담겨 있었다.

사진을 보던 약사, 얼굴이 벌겋게 상기되면서…….

·

·

·

"이런……! 처방전을 가지고 온 줄은 미처 몰랐습니다. 지금 당장 드리지요!"(사진의 여자는 약사의 아내였다.)

뭘 더 바라냐

•

목사님이 주일 예배를 인도하고 있었다.

그런데 갑자기 폭우가 쏟아지더니 온 동네가 물에 침수하기 시작했다. 교인들은 모두 교회 밖으로 뛰쳐나갔다.

하지만 얼치기 교인 한 사람이 교회를 떠나지 않고 기도를 계속했다. 그는 이씨 성을 가진 '색동'이 형 '색기'였다.

차를 타고 지나가던 사람이 그를 보고 외쳤다.

"여보세요, 물에 잠기기 전에 거기서 나오세요!"

"괜찮아요. 하나님이 저를 구해 주실 것입니다."

그 말을 들은 운전자는 그냥 가 버렸다.

물이 이제 무릎까지 차 올라오기 시작했다.

한 남자가 요트를 타고 가면서 그를 보고 외쳤다.

"이봐요, 물에 빠져 죽기 전에 빨리 나오세요!"

"괜찮아요. 하나님이 저를 구해 주실 것입니다."

그 말을 들은 사람 역시 그냥 가 버렸다.

이제 물은 목까지 차올라서 더 이상 안될 것 같았던 그는 교회 지붕 위로 올라가 기도를 시작했다.

그러자 지나가던 헬리콥터가 그것을 보고 소리쳤다.

"빨리 여기 타세요!"

"괜찮아요. 하나님이 저를 구해 주실 것입니다."

그 말을 들은 헬리콥터는 그냥 가 버렸다. 결국 홍수 때문에 색기는 죽고 말았다.

하나님 앞에 선 그가 물었다.

"하나님, 왜 그때 저를 구해 주지 않으셨나요?"

하나님이 대답했다.

.

.

.

"차도 보내 주고 보트도 보내 주고 헬리콥터도 보내 줬는데 뭘 더 바라냐, 이 · 색 · 기야!"

사실은

•

노름꾼들이 모여서 노름을 하던 중 한 사람이 심장마비를 일으켜서 갑자기 죽고 말았다.

친구 하나가 죽은 사람의 부인에게 그 사실을 알리러 가게 되었는데, 좀처럼 말을 꺼낼 수가 없었다.

대문 앞에서 한참을 망설이다가 초인종을 누르자, 죽은 사람의 부인이 문을 열어 주었다.

"부인, 안녕하십니까? 저는 댁의 남편과 함께 있었습니다만……."

"어머나, 그 사람 또 노름을 하고 있었죠?"

"예, 그렇습니다……. 사실은……."

"빈털터리가 되었겠군요?"

"예, 그렇습니다……. 사실은……."

"지금쯤 기운이 하나도 없겠지요."

"예, 그렇습니다……. 사실은……."

"정말 지긋지긋하군요. 아주 죽어 버렸으면 시원하련만!"

"부인, 신께서 부인의 뜻을 잘 아셔서, 그 친구를 하늘나라로 데려가셨답니다."

믿을 수 없어

•

국회의원이 출장을 가는 길이었다.

그날 하필이면 큰비가 쏟아졌고 그가 타고 있던 승용차가 미끄러지면서 절벽 아래 논두렁에 처박혔다.

그곳을 지나가던 농부가 이 현장을 목격하고 다가섰다.

"저를 살려 주십시오. 살려 주면 뭐든지 해드리겠습니다."

농부는 논두렁을 파고 정성껏 묻어 주었다.

마침 공무원이 그곳을 지나가다가 부서진 승용차를 발견했다. 차적조회를 해보니 사라진 국회의원의 것이었다.

공무원은 그곳에서 일하고 있던 농부에게 물었다. 농부는 사고 난 경위를 자세히 설명하고, 국회의원을 고이 묻어 주었다고 말했다.

공무원이 놀라 되물었다.

"그 자리에서 즉사했다는 겁니까?"

"지가 살아 있다고 말을 하긴 했는데, 그 말을 믿을 수가 있어야지요. 그래서……."

마지막으로 먹고 싶은 것

어느 유대인이 유럽에서 핍박을 당해서 프랑스 죄인 한 명, 이탈리아 죄인 한 명과 함께 한겨울에 사형을 당하게 되었다.

그런데 그곳에서는 사형당하기 전에 먹고 싶은 음식의 소원을 한 가지씩 들어주는 관습이 있었다.

프랑스 죄인은 크루아상을 먹고 싶다고 말했고, 먹고 나서 형장의 이슬로 사라졌다.

이탈리아 죄인은 무엇을 요구했을까? 당연히 파스타를 먹고 싶다고 말했고, 그렇게 먹고 나서 죽었다.

드디어 유대인의 차례가 왔다. 그는 특이하게도 딸기를 먹고 싶다고 청했다.

교도관이 말했다.

"이놈아, 지금 딸기를 어디서 구한단 말이냐?"

그러자 유대인은 맞받아서 이렇게 대답했다.

"그러면 내년 여름까지 기다리면 되지요, 뭐!"

태어나고 죽는 것

장자의 부인이 죽었는데 장자가 그 장례식에서 춤을 추었다.
사람들이 그를 미쳤다며 힐난했다.
그러자 장자가 평했다.
"태어날 땐 웃는데 왜 죽으면 울어야 하는가?
둘 다 웃으면 더 좋은 일 아닌가?"

죽으면 나쁜 일 아니냐고 누군가 따졌다.
그러자 장자가 반문했다.
"죽으면 나쁘단 것은 자네들 생각 아닌가?"

그리고 이어서 말했다.

"나는 태어나는 거나 죽는 거나 다 좋다고 본다네.
본래 고향집에 돌아가서 푹 쉬는데 뭐가 나쁜가?"

‥

사람들은 한번 고정관념을 가지면
그 안에 사로잡혀 무작정 집단관념만 받아들일 뿐
그것이 진정 왜 그런지 한번 의심조차 해보지 않는다.
나는 장자의 대답에 해설을 덧붙이고자 한다.
죽음은 육체의 삶을 졸업하는 것이니 축하할 일이건만
사람들이 제 깜냥으로 생각하고 두려워만 할 따름이다.
제 마음이 나비를 향해 있는 자는 나비를 보았기에
번데기의 죽음에 아무런 미련도 없을 것이나
제 마음이 번데기만 보는 자는 그저 죽음이 두려울 것이다.

가장 억울한 사람

•

69번 버스가 고가도로를 넘어가다가 뒤집어져서 많은 사람이 죽었다. 가장 억울하게 죽은 사람 3명을 꼽으면?

1. 졸다가 한 정거장 더 가는 바람에 죽은 사람
2. 버스가 출발하는데 간신히 달려와서 잡아탄 사람
3. 69번 버스를 96번으로 잘못 보고 탄 사람

천국에서 온 이메일

•

금슬 좋은 부부가 있었다.

그들은 결혼 30주년을 맞이해 앙코르 웨딩을 하기로 했다.

남편은 신혼여행을 가서 묵었던 호텔을 다시 예약하면서 모든 준비를 완벽하게 하고 싶었다. 그래서 아내보다 하루 전에 미리 그곳에 가서 도착하자마자 아내에게 이메일을 보냈다.

문제는 이메일 주소의 오타로 메일이 최근에 작고한 장관의 부인에게로 가 버린 것이었다.

다음 날, 미망인의 아들이 보니 어머니가 컴퓨터 앞에서 기절해 있었다.

컴퓨터 모니터에는 이런 이메일이 떠 있었다.

"사랑하는 여보, 난 방금 이곳에 도착했소. 내일 당신의 도착에 맞춰 모든 게 완벽하게 준비돼 있소. 이곳으로 오는 당신의 여정이 나의 여정처럼 멋지길 바라오.

추신: 이곳은 정말로 뜨겁기가 말로 다 표현할 수 없다오!"

좋은 소식과 안 좋은 소식

•

의사 조금 안 좋은 소식이랑 많이 안 좋은 소식이 있습니다.

환자 뭐 어쩌겠습니까? 조금 안 좋은 소식부터 들려주세요.

의사 검사 결과가 나왔는데, 살 날이 24시간밖에 남지 않았다고 합니다.

환자 24시간이라고요? 정말 최악이네요. 더 안 좋은 소식은 뭡니까?

의사 어제부터 연락을 드렸는데, 전화를 안 받으셔서…….

이반이 차지한 땅

•

농부 이반. 러시아 대문호 레프 톨스토이(1828~1910)의 작품 속에 나오는 주인공 이름이다.

이반은 평생 주인집에서 머슴살이를 했다. 주인은 어느 날 성실한 그를 독립시켜 주려고 "내일 아침부터 종일 네가 밟고 온 땅 모두를 네게 주겠다."라고 말했다.

다음 날 새벽을 기다리느라 밤새 한잠도 못 잔 이반은 먼동이 트자마자 달리기 시작했다. 한 뼘 땅이라도 더 차지하려고 쉬지도 않고, 먹는 것도 잊어버린 채 뛰었다.

밤이 늦도록 뛰어서 주인집 대문에 들어서던 이반은 그 자리에 쓰러져 죽어 버렸다.

그가 마지막으로 차지한 땅은?

.

.

.

무덤자리 3평이었다.

배려

•

칠득이는 휴가를 가면서 절친인 만득이에게 집을 좀 봐 달라고 부탁했다.

일주일 후 칠득이는 전화를 걸어 별일 없는지 물었다.

"내 고양이는 잘 있지?"

만득이는 머뭇거리다가 이렇게 대답했다.

"좀 슬픈 일이지만, 네 고양이가 죽었어."

"뭐라고? 내 고양이 죽은 걸 어떻게 그렇게 아무렇지도 않게 말을 할 수 있어? 좀 배려를 해가면서 얘기를 해야지."

"그럼 어떻게 해야 하니?"

"내가 처음 말을 꺼냈을 때, '네 고양이가 지붕 위에 올라갔어.' 두 번째로 말을 꺼냈을 때는 '네 고양이를 내려오게 할 방법이 없다. 어떡하냐?' 세 번째로 내가 말을 꺼냈을 때, '내가 고양이를 내려오게 하려고 노력을 많이 했는데 지붕 위에서 떨어졌어. 어떡하니? 숨을 쉬지를 않아. 정말 미안해.' 이렇게 말을 했어야지 내가 안 놀라지!"

만득이는 미안하다고 사과했다.

또 일주일 후, 칠득이는 다시 전화를 걸어서 연로하신 할머니의 안부를 물었다.

아주 긴 침묵 뒤에 만득이는 이렇게 대답했다.

"네 할머니가 지붕에 올라가셨는데……."

로먼 크르즈나릭은
죽음에 대한 자각을 유지하기 위해
각 면에 죽음을 경고하는 경구를 적은
주사위를 만들어서 갖고 다니며
필요할 때마다 던져 본다고 한다.

몰랐다
오늘 내가
죽는다는 걸

알았다
오늘 내가
죽을 수 있다는 걸

밀어

내 가슴속은 묘지

묘지기는 나.

내게 한끝 줄을 남기고 간 이들을
나는 내 가슴속 묘지 안에
부활시켜 놓는다.
나는 죽음에 대한 얘기가 듣고 싶은데
그들은 자꾸 어떻게 사느냐는 얘기만 한다.

—황순원

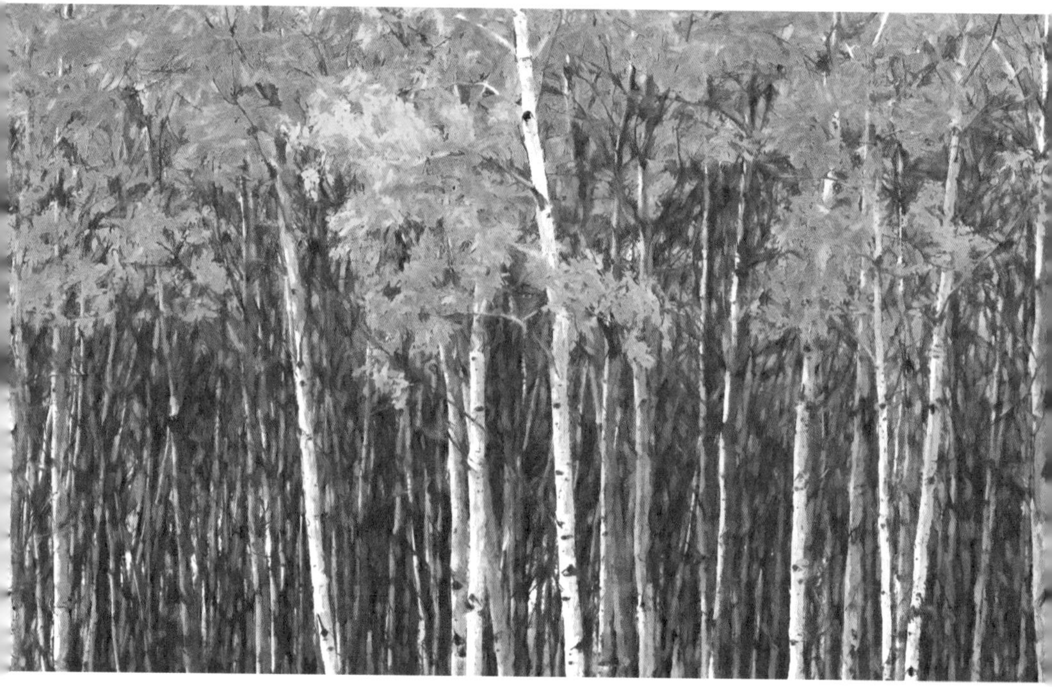

사람의 일생

•

하나님께서 소를 만드시고 소한테 말씀하시기를,

"너는 60년만 살아라. 단 사람들을 위해 평생 일만 해야 한다."

그러자 소는 30년은 버리고 30년만 살겠다고 했다.

두 번째는 개를 만드시고 말씀하시기를,

"너는 30년을 살아라. 단 사람들을 위해 평생 집만 지켜라."

개는 15년은 버리고 15년만 살겠다고 했다.

세 번째 만든 것은 원숭이였다.

"너는 30년만 살아라. 단 사람들을 위해 평생 재롱을 떨어라."

그러자 원숭이도 15년은 버리고 15년만 살겠다고 했다.

네 번째, 사람을 만드시고 말씀하셨다.

"너는 25년만 살아라. 너한테는 생각할 수 있는 머리를 주겠다."

그러자 사람이 하나님께 부탁했다.

"그럼 소가 버린 30년, 개가 버린 15년, 원숭이가 버린 15년을 다 주세요."

그래서 사람은 25살까지는 주어진 시간을 그냥저냥 살고,
소가 버린 30년으로는 26~55살까지 일만 하고,
개가 버린 15년으로는 퇴직하고 집보기로 살고,
원숭이가 버린 15년으로는 손자 보며 재롱떨며 산다.

··

고대 페르시아 사람들은 인생의 첫 30년은 삶을 사는 데 쓰이고, 이후 40년은 삶을 이해하는 데 쓰여야 한다고 믿었다. 쇼펜하우어는 숫자를 역전시켜서 말했다. "생의 첫 40년이 텍스트라면 나머지 30년은 그것에 대한 주석이다."

일용할 용서를 주시옵고

주기도문에서 가장 내가 옷깃을 여미는 단어는 '일용할'이다.

'일용할 양식을 주시옵고.'

일용할 양식은 내게 큰 울림이 된다.

'일용할 양식, 일용할 기쁨, 일용할 용서, 일용할 용기, 일용할 참음.'

'밥'이 그렇다. 비축해 살 수 있는 것은 동물이지 사람이 아니다. 폭식으로 찾아오는 것은 질병이고 죽음이다. 매일같이 고르게 먹어야 한다.

'잠'도 그렇다. 동물에게는 겨울잠이 있다. 인간은 매일 자야 한다. 몰잠(몰아서 자는 잠)으로 버틸 수 있는 인생이 아니다. 잠 안 재우기가 고문 중에서도 제일 고통스러운 고문이다.

그래서 남이 대신 먹어 주거나 대신 자 줄 수 있는 것이 아니다. 창조의 질서는 하루에 있다. 이것을 거슬러 사는 게 고통이다. 하나님께 맞짱 뜰 일이 아니다. 그런데도 맞짱 뜨다가 패가망신한 이들이 한둘이 아니다.

용서도 그렇다. 내일의 용서로 오늘을 살 수는 없다. 오늘은 오늘로만 살아 낼 수 있다.

평생 웃어야 할 웃음을 하루에 웃게 되면 정신병자가 된다. 하루치만 참아 내야지 평생을 참겠다고 하니 몸이 망가진다. 암이 찾아온다.

그러니 하루만 살자. 오늘을 잘 살다 보면 오! 늘~이 된다.

"오늘을 사랑하라.
어제의 미련을 버려라.
오지도 않은 내일을 걱정하지 말라.
우리의 삶은 오늘의 연속이다."

토머스 칼라일(Thomas Carlyle, 1795~1881)

내 인생의 가장 큰 비밀

•

스타니슬라프가 사랑하는 사람들에게 둘러싸여 임종을 맞고 있었다. 마지막 순간이 다가오자 그가 작은 소리로 말했다.

"내 가장 큰 비밀을 말해야 할 것 같구나."

가족들은 어서 말하라고 재촉했다.

"결혼하기 전에 나는 모든 걸 갖고 있었어. 잘 달리는 자동차, 멋진 연인들, 친구들, 꽤 많은 돈. 그런데 한 친구가 이렇게 충고하더군. '결혼해 가족을 갖게나. 그러지 않으면 마지막 숨을 거둘 때 마실 물 한잔을 줄 사람조차 없을 거야.' 그래서 나는 친구의 충고대로 그 많은 여자 대신 아내를, 맥주 대신 아기 음식을 선택했지. 페라리 자동차를 팔아 자식 대학 등록금으로 썼어. 그리고 지금에 이른 거야. 그런데 알아?"

"무얼요?"

"난 지금 전혀 목이 마르지 않단 말야."

햇살의 말씀

세상에 사람과 집이 하도 많아서
하느님께서 모두 들르시기가 어려운지라
특별히 추운 겨울에는 거실 깊숙이 햇살을 넣어주시는데
베란다 화초를 반짝반짝 만지시고
난초 잎에 앉아 휘청 몸무게를 재어보시고
기어가는 쌀벌레 옆구리를 간지럼 태워 데굴데굴 구르게 하시고
의자에 걸터앉아 책상도 환하게 만지시고
컴퓨터와 펼친 책을 자상하게 훑어보시고는
연필을 쥐고 백지에 사각사각 무슨 말씀을 써보라고 하시는지라

나는 그것이 궁금하여 귀를 세우고 거실 바닥에 누웠는데
햇살도 함께 누워서 볼과 코와 이마를 만져주시는지라
아! 따뜻한 햇살의 체온 때문에
나는 거실에 누운 까닭을 잊고 한참이나 있었는데
지나고 보니 햇살이 쓰시려고 했던 말씀이 생각나는지라
"광규야, 따뜻한 사람이 되거라"

— 공광규

빈 계란

•

미국 매사추세츠주에 여덟 살 난 톰이라는 아이가 있었다. 톰은 장애가 있어 휠체어를 타야 했다.

부활주일을 맞이하여 주일학교 선생님이 플라스틱으로 만든 계란을 한 개씩 나누어 주며 말했다.

"부활주일에 올 때에는 계란 속에 생명을 의미하는 것을 하나씩 담아 오세요."

어떤 아이는 곤충을 잡아 넣어 왔다. 어떤 아이는 나뭇잎을 넣어 가지고 왔다. 어떤 아이는 벌레를 넣어 오기도 했다. 그런데 톰은 빈 계란 그대로를 가지고 왔다.

선생님은 톰의 마음을 상하지 않게 하려고 이렇게 말했다.

"톰아! 너는 몸이 아파서 그냥 왔구나! 불편하지? 괜찮아."

그러자 톰이 말했다.

"선생님! 제 생각에는요, 빈 무덤이기에 부활이 있는 것처럼 빈 달걀이어야 병아리가 태어나는 거잖아요. 빈 계란은 병아리가 생명을 얻어 나간 흔적이에요."

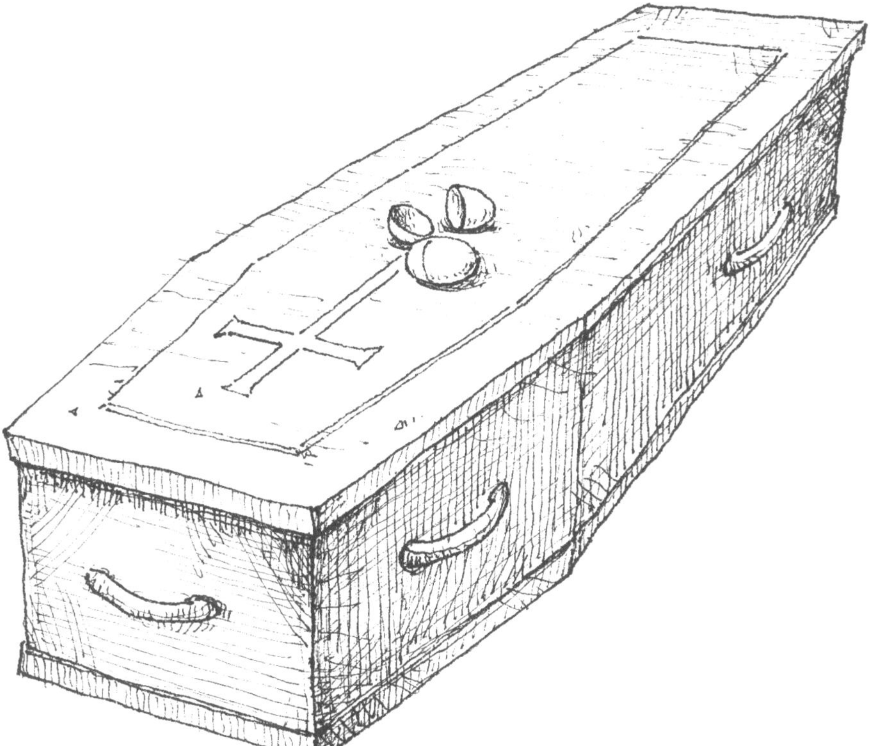

그 후 10개월이 지나 톰은 병으로 세상을 떠났다.

톰의 관 위에는 꽃 대신에 빈 계란이 올려져 있었다.

베드로 앞에 선 잡스

두껍고 큰 자료를 뒤지고 있는 성 베드로에게 “여기 앱이 있다”며 본인이 개발한 편리한 IT기기를 이용할 것을 권하는 스티브 잡스. 잡스는 세계를 편리하게 바꾼 것처럼 ‘천국도 바꿀 만한 인물’이라는 찬사를 들었다.

미국 잡지《뉴요커》의 표지

막 천국의 문 앞에 도착한 스티브 잡스 앞에 성 베드로가 아이패드로 그의 삶 속 공과(功過)를 따져 보고 있다. 서양 기독교에서는 성 베드로가 천국의 열쇠를 갖고 있어 죽은 이들의 천국 통행을 관장한다는 믿음이 있다. 베드로 앞의 잡스는 천국에서마저도 검은 티, 청바지 차림이다.

죽음은 인생이 만든 최고의 발명

•

전 세계에 아이폰 광풍을 몰고 온 스티브 잡스 애플 최고경영자(CEO). 그의 장례식 때, 그를 추모한 누이의 추도연설에서는 잡스가 만든 아이폰과 게임 소프트웨어 등은 언급도 되지 않았다.

다음은 추도연설의 일부다.

> 사랑하는 것을 위해 열심히 노력했습니다. 그를 움직였던 건, 그가 정말 사랑했던 건 사랑이었습니다. 사랑이 그에겐 최상의 가치였습니다. 딸아이의 남자친구들, 치마 길이에 노심초사했습니다. 행복을 소중히 여겼습니다. 잡스가 아꼈던 사람들 마음속에 남을 가장 중요한 것은 그가 그들의 삶 속에 지어 준 기억들이 될 것입니다.

세계를 바꾸었다는 평가를 받는 그이지만, 잡스는 허약하고 실수하고 때론 나쁜 짓도 서슴지 않은 불완전한 인간이었다고 한다. 그는 자신이 입양아라는 사실을 부끄러워했다. 상처 입은 아이였고 젊은 시절 마약을 흡입했다. 동거하던 여자친구가 낳은 딸을 자신의 딸이 아니라고 주장하며 양육비도 주지 않았다.

애플을 함께 창업했던 스티브 워즈니악에게는 거짓말을 하며 이익을 제대로 배분해 주지 않았다. 그는 최선을 고집하며 직원들을 몰아붙이는 독재자였고 사소한 것을 트집 잡아 역정을 내는 소인배의 면모도 보였다고 한다. 친부가 자신을 만나 커피라도 마시고 싶다는 소망을 전 세계 언론을 통해 밝혔지만 끝내 만나지 않은 냉혈한이었다.

그는 불완전한 인간이었으나 성찰을 더해 가며 삶의 본질에 가까이 다가갔다. 췌장암 진단을 받고 종양 제거수술을 받았던 2004년 이후 스탠퍼드 대학 졸업식에서 "곧 죽을 것이란 사실을 기억하는 것, 이것이야말로 무엇인가 잃을 수도 있다는 두려움에 빠지지 않도록 해주는 내가 아는 최고의 방법"이라는 명연설을 남겼다. "죽음은 우리 모두가 공유하는 숙명이자 인생이 만든 유일한 최고의 발명이며 인생을 바꾸는 동인"이라는 그의 깨달음에서 사람들은 위안을 얻고 희망을 발견할 수 있었다.

인생의 마지막 날처럼

스티브 잡스가 어떤 사람인지 이해하기 위해서 반드시 읽어 봐야 할 텍스트가 2005년 미 스탠퍼드대 졸업식 연설문이다. 잡스는 졸업생들 앞에서 불우했던 성장 과정, 창업과 좌절 등 속 깊은 얘기들을 풀어놓았다. 특히 암 투병이라는 절망의 나락에서 건진 삶에 대한 깨달음은 큰 울림을 전해 준다.

세 번째 이야기는 죽음에 관한 것입니다.

17세 때 이런 경구를 읽은 적이 있습니다.

"하루하루를 인생의 마지막 날처럼 산다면 당신은 옳은 삶을 살 것이다."

이 글에 감명받은 나는 그 후 33년간 매일 아침 거울을 보며 자신에게 묻곤 했습니다.

"오늘이 내 인생의 마지막 날이라면 지금 하려고 하는 일을 할 것인가?"

"아니오"라는 답이 계속 나온다면 다른 것을 해야 한다는 걸 깨달았습니다. '곧 죽을지도 모른다'는 사실을 명심하는 게 인생의 고비마다 중요한 결정을 내리는 데 큰 도움을 줍니다. 외부의 기대, 자부심, 수치와 실패에 대한 두려움 등은 죽음 앞에서 모두 떨어져 나가고 오직 진실로 중요한 것들만이 남기 때문입니다.

죽음을 생각하는 것은 무엇을 잃을지도 모른다는 두려움에서 벗어나는 최고의 방법입니다. 여러분들은 아무것도 잃을 것이 없기에 자기 내면의 목소리를 따라야 합니다.

나는 1년 전쯤 암 진단을 받았습니다.

아침 7시 30분에 검사를 받았는데, 이미 췌장에 종양이 있었습니다. 그전까지는 췌장이 뭔지도 몰랐습니다. 의사들은 고칠 수 없는 암이기 때문에 길어야 3개월에서 6개월 생존할 거라고 말했습니다. 주치의는 집에 돌아가 신변정리를 하라고 했습니다. 죽음을 준비하라는 뜻이었습니다.

하루 종일 불치병 판정이 머릿속을 떠나지 않았습니다. 그날 저녁 위를 거쳐 장까지 내시경을 넣어서 암세포를 채취해 조직검사를 받았습니다. 나는 마취상태였는데 나중에 아내가 말하길, 현미경으로 세포를 분석한 결과 치료 가능한 아주 희귀한 췌장암으로 밝혀지자 의사들도 기뻐서 함성을 질렀다고 합니다.

나는 수술을 받았고, 지금은 괜찮습니다. 그때만큼 내가 죽음에 가까이 가 본 적은 없습니다. 앞으로도 수십 년간은 그렇게 가까이 가고 싶지 않습니다. 아무도 죽기를 바라지 않습니다. 천국에 가고 싶다는 사람들조차도 그곳에 가기 위해 죽고 싶어 하지는 않습니다.

그리고 죽음은 우리 모두의 숙명입니다. 누구도 피할 수 없습니다. 그리고 그래야만 합니다. 죽음은 삶이 만든 최고의 발명품이기 때문입니다.

죽음은 인생을 변화시킵니다. 그리고 새로운 것이 헌것을 대체할 수 있도록 만들어 줍니다.

여러분들은 지금 '새로움'이란 자리에 서 있습니다. 그러나 머지않아 여러분들도 새로운 세대에게 그 자리를 물려줄 것입니다.

여러분의 삶은 영원하지 않습니다. 그러니 낭비하지 마십시오.

다른 사람들이 생각하는 대로 살아야 한다는 도그마에 얽매이지 마십시오.

다른 사람들의 생각이 여러분 내면의 진정한 목소리를 방해하지 못하게 하십시오.

그리고 가장 중요한 것은 자신의 마음과 직관을 따르는 용기를 가지는 것입니다.

여러분의 마음과 직관은 당신이 정말로 무엇을 원하는지 알고 있습니다. 나머지 것들은 부차적인 것입니다.

그 겨울의 시

문풍지 우는 겨울밤이면
윗목 물그릇에 살얼음이 어는데
할머니는 이불 속에서
어린 나를 품어 안고
몇 번이고 혼잣말로 중얼거리시네

오늘 밤 장터의 거지들은 괜찮을랑가
소금창고 옆 문둥이는 얼어 죽지 않을랑가
뒷산에 노루 토끼들은 굶어 죽지 않을랑가

아 나는 지상에서 가장 아름다운
시낭송을 들으며 잠이 들곤 했네

찬바람아 잠들어라
해야 해야 어서 떠라

한겨울 얇은 이불에도 추운 줄 모르고
왠지 슬픈 노래 속에 눈물을 훔치다가
눈산의 새끼노루처럼 잠이 들곤 했었네

— 박노해, 《그러니 그대 사라지지 말아라》에서

믿고 보는
추천사 01

가부터 카까지 유머를 만드시오

"나는 위로는 옥황상제와도 사귈 수 있고 아래로는 거지들과도 잘 어울릴 수 있다. 내 생각에 이 세상에 악한 사람은 단 하나도 없는 것 같다."

세상을 늘 쾌활하게 살다 간 '팔방미인' 소동파(蘇東坡)가 분신처럼 아끼고 사랑했던 아우 소철(蘇轍)에게 한 말이다. 그가 기묘(己卯)년에 태어난 소철을 묘군(卯君)이라고 부른 이후, 묘군은 아우를 가리키는 별칭이 됐다. 소동파가 하면 뭐든지 남는다.

송길원이 해도 뭐든지 남는다. 송길원은 나의 묘군이다. 실제로는 닭띠니까 유군(酉君)이지만. 날마다 새벽을 알리는 유군이 새로운 책을 내는 걸 축하하면서 숙제 하나 낸다. 우선 다음 영어 글을 큰 소리로 읽고 주문에 응하시길.

> **A wife asked her husband to describe her with alphabet.**
> **He said, "You're A, B, C, D, E, F, G, H, I, J, K."**
> **She said, "What does that mean?"**

He said, "Adorable, Beautiful, Charming, Delightful, Elegant, Fascinating, Gorgeous, Hot."
She said, "Oh, that's so lovely. What about I, J, K?"

이 말을 통역하면, "옴마나, 나는 내가 그렇게 멋진 여잔 줄 몰랐어. 자기야, 그런데 I, J, K는 뭐양?"

남편은 뭐라 했을까?

He said, "I'm Just Kidding!"

세상에 이런 못된 녀석이 있나? 부부 사이가 완전 닭살 돋게 화목한 송길원은 상상도 못 할 답변이다. (이미 알고 있는 유머라면 할 수 없고!) 영어 유머는 거기까지이지만, 우리는 알파벳 놀이를 계속해 보자. K 다음 L로는 뭐가 좋을까? LOL, Laughing out loud가 그럴듯하지 않을까?

그러니 이런 것처럼 우리말로 가, 나, 다, 라, 마, 바, 사, 아, 자, 차, 카까지 말을 만들어 사람들을 웃게 하실 것. 언제까지? 다음 책을 낼 때까지.

근데 이 추천사는 책의 끄트머리에 들어갈라나, 책의 끄트머리에 들어가는 여러 사람 추천사 중 끄트머리에 들어갈라나? 아니면 앞머리(또는 앞대가리)에 들어갈라나? 당연히 머리말은 필자 자신이 쓸 테지만. 나도 이런 책을 내고 싶었는데, 이번에 또 선수를 뺏겨 심술머리가 난다. 끝!

— 임철순(자유칼럼그룹 공동대표, 전 한국일보 주필)

웃프다,
장례식장 풍경

·
·
·

고인은
간데없고
상주만
설레발레_

Ⅱ

편지

•

암에 걸려 투병 중인 남편 옆에서 아내가 친척에게 보낼 편지를 쓰고 있었다. 아내를 지그시 쳐다보던 남편이 말했다.

"여보, 나 아무래도 가망 없겠지?"

"여보! 그게 무슨 소리예요. 당신은 나을 수 있어요!"

"그… 그래. 내가 회복하면 우리 함께 여행 가자고."

"그럼요."

.

.

.

아내는 계속 편지를 쓰다가 말했다.

"여보, 장례식이라고 쓸 때 '장'자는 한자로 어떻게 쓰는 거예요?"

마지막 음식

•

아버지의 임종을 보기 위해 뻥 둘러앉아 있는 자식들에게 아버지는 지난날을 회고하며 유언을 했다.

그리고 유언이 끝나자 거의 다 죽어 가는 목소리로 말했다.

"얘들아, 너희 엄마의 음식 솜씨를 따라갈 사람은 세상에 아무도 없단다. 지금도 너희 엄마가 만드는 김치전 냄새가 나는구나. 죽기 전에 마지막으로 맛을 봐야 편히 눈을 감겠다. 막내야, 가서 부침개 한쪽만 갖다주겠니?"

잠시 후 막내가 빈손으로 돌아오자 아버지가 힘없이 물었다.

"어째, 빈손이니?"

그러자 막내는 난처한 표정을 지으며 말했다.

.

.

.

"엄마가 그러시는데요……. 아버지 드릴 건 없고, 내일 문상 오시는 손님들 대접할 것밖에 없다는데요?"

영구차

•

고모할머니가 돌아가셨을 때 나는 두 아이와 함께 영구차를 따라가고 있었다.

딸아이가 나에게 물었다.

"아빠, 아빠가 죽으면 우리한텐 무슨 일이 일어나?"

그러자 핸드폰을 뚫어져라 쳐다보며 열심히 문자를 보내고 있던 아들이 고개도 돌리지 않은 채 심드렁하게 말했다.

"그때는 영구차 안에 타고 가겠지, 뭐."

장례식 준비

•

아버지의 임종이 다가오자 형제들이 서로 다투었다.

"장례식 차는 캐딜락으로 해야겠지?"

"뭘 굳이 그렇게까지……. 다들 바가지 쓰는 게 그거래요."

"아버지가 평소 타셨던 SM5를 그대로 쓰죠. 리본만 달면 되잖아요."

"그럼 관은 어떻게 해요? 관이라도 석관으로 하는 건요?"

"한 번 사용하는데 너무 비싸지 않아? 그냥 목관으로 하지, 뭐."

그때 둘째가 기어드는 목소리로 끼어든다.

"요즘 종이 관도 있다는데……."

자식들의 아웅다웅 다투는 소리를 듣다 못한 아버지가 '벌떡' 일어나며 말한다.

.

.

.

"차라리 내가 공동묘지까지 걸어가마!"

"인생은 아기집 '자궁(womb)'에서 '무덤(tomb)'으로 가는 과정이다. 어머니의 배 속에 바다(양수)가 있었고, 최초의 나는 거기서 물고기였다."

—이어령 박사

머드 목욕

●

한 남자가 병원에서 정기검진을 받았다. 의사가 그에게 앞으로 6주밖에는 살 수 없다고 말했다.

남자는 충격을 받기는커녕 매우 기분 좋게 반응했다.

"그런데 의사 선생님, 저는 아주 기분이 좋습니다. 요 몇 년 새에 이렇게 기분이 좋았던 적이 없습니다. 정말 믿어지지 않는군요. 제가 무언가 할 수 있는 일이 있을까요?"

의사가 갸우뚱하더니 일러 준다.

"그럼, 이 길을 따라 내려가면 건강 스파가 있는데, 그곳에서 매일 머드 목욕을 해보세요."

눈이 동그래지며 "그럼 내가 회복될 수 있는 건가요?" 묻는 남자 환자에게 의사가 대답한다.

.

.

.

"아뇨, 그렇게 하면 아마 흙에는 더 빨리 익숙해질 겁니다!"

딱 좋은 장소

●

전 미 대통령 조지 허버트 워커 부시의 장례식장.

아들 조지 W. 부시는 아버지를 떠나보내는 추도사에서 이렇게 말한다.

·

·

·

"아버지는 90세의 나이에 메인주 케네벙크포트 바닷가 근처에 있는 세인트 앤 지역에서 스카이다이빙을 한 적이 있습니다. 그곳에는 할머니가 결혼식을 올렸고 아버지도 가끔 예배를 드렸던 교회가 있었지요. 어머니는 낙하산이 펴지지 않을 수도 있는데 그럴 때를 대비해 장소를 아주 잘 선택했다고 좋아하셨습니다."

죽음에게

저녁이 되어서야
부르는 이름

건강할 때나 병들 때나 기쁠 때나 슬플 때나
가난하고 외로운 때도
한시도 내 곁을 떠나지 않고 꿋꿋이 자리를 지켜준

어느 조강지처(糟糠之妻)가 그럴 수 있을까?
따뜻한 눈길 한번 준 일 없고 말 한마디 건넨 일도 없는데
그렇듯 처절하고 철저하게 외면당했으면 돌아섰을 법도 한데…….

거기다 욕은 얼마나 많이 얻어먹었던가?
'죽여 버릴까?' '죽어도 싼 놈'
이 정도면 상할 대로 상한 자존심에 싸움을 걸어올 법도 한데…….

같은 날 같은 시간에 일란성 쌍둥이로 태어났으면서도
인정받지 못하고 살아온 세월,
인생의 끝에서야 겨우 기억되는

하고 싶은 말이 한두 마디가 아닐 텐데…….

이제야 네게 건네는 나의 쑥스러운 인사
미안하다 미안하다 참으로 미안하다.
그러면 나를 고통 없이 저 천국으로 데려다줄까?
남은 세월
거짓 없고 부끄럼 없이 살아볼 수 있을까?

나의 작은 약속 하나
가끔은 너와 차를 마시며
네 이야기에 귀 기울여
나를 돌아보마
누군가가 그랬다지
저녁(夕)이 되면 어두워져 사람이 보이지 않아 부르게(口) 되었다는 이름(名)
인생의 밤이 가까워 오며 조용히 불러보는 너의 이름.

—소헌

듣고 싶은 말

•

미국인 3명에게 '당신의 장례식에 참석한 조객들이 당신의 열린 관을 지나가면서 무슨 말을 하기를 바라느냐'고 물었다.

"물론 나를 칭찬하는 말 한마디죠."

두 번째 사람도 마찬가지였다.

그런데 나머지 한 명은 이렇게 말했다.

.

.

.

"어, 어! 이 친구가 방금 움직였어!"

사흘만

•

예수님이 십자가에 돌아가신 바로 다음 날, 한 친구가 아리마대 요셉을 다그친다.

"자네 미쳤나? 비싼 돈 들여 새로 단장한 아까운 무덤을 예수한테 내주다니……."

친구의 핀잔에 아리마대 요셉이 대꾸한다.

.

.

.

"걱정 말게, 친구. 주말에 딱 사흘간만 잠시 쓰겠다 했네."

웃다가

•

어느 날 시체실에 세 구의 시체가 들어왔다. 그런데 시체가 모두 웃고 있었다.

검시관이 물었다.

"아니, 시체들이 왜 웃고 있습니까?"

장의사가 대답했다.

"네, 이 첫 번째 시체는 10억 원 복권에 당첨이 되어 심장마비로 죽은 사람입니다."

두 번째 사람은 어떻게 된 거냐고 묻자, 장의사가 답한다.

"그도 심장마비인데, 자식이 일등 했다는 말에 충격을 받아 죽은 사람입니다."

이번에는 검시관이 묻기도 전에 장의사가 세 번째 사람을 가리키며 벼락을 맞아 죽었다고 말했다. 놀란 검시관을 빤히 쳐다보며 장의사가 덧붙인다.

"번개가 번쩍하는데, 카메라 플래시가 터진 줄 알고 웃다가 벼락을 맞았답니다."

신부와 목사와 랍비

신부, 목사, 랍비는 자기네들 가운데 누가 가장 우수하게 성직을 수행하는지 알고 싶었다. 그래서 각각 숲으로 들어가 곰을 찾아서 자기네 종교로 개종시키기로 했다.

나중에 그들은 한자리에 모였다.

신부가 말했다.

"곰을 발견했을 때 나는 곰한테 교리서를 읽어 주고 성수를 뿌려 주었소. 그 곰은 다음 주일에 첫 영성체를 하기로 했소."

목사가 말했다.

"나는 곰을 시냇가에서 발견하고 성경 말씀을 들려주었지요. 곰은 내 설교에 감동한 나머지 자기를 세례시켜 달라고 했지요."

목사와 신부는 온몸에 깁스를 하고 침대에 누워 있는 랍비를 내려다보았다.

랍비가 입을 열었다.

"지금 생각해 보니, 곰한테 할례의식부터 시도하지 말았어야 했던 것 같습니다."

영구차를 타고 가며

찬송가는 요단강을 몇 번 건너고
차는 지상의 신호등에 자주 걸린다
하늘나라 가는 길에도 딱지 떼냐며
취기 돈 문상객 운전사를 독촉하더니
나이가 들면 영혼이 없어지는 것 같다고
치매 걸린 할머니 오래 모셨던 아버지는
이제 교회 안 나간다는 농담에
잠깐 웃음자락 펄럭이고
누워 있는 망자 위에 앉아 있는 사람들
영혼의 무게 달아주며 차는 달린다
아, 차라리
망자의 시신을 머리 위에 실을 수 있었더라면

이 순간
죽음에 대한 생각은 굵고
삶은 다닥다닥
고목에 핀 매화이련가

— 함민복 시인

본인 확인

●

민원인이 동사무소를 찾았다.

사망신고서를 접수하는 공익요원이 묻는다.

"본인이신가요?"

민원인이 놀라 되묻는다.

.

.

.

"꼭 본인이 와야 하나요?"

국화꽃

•

좋은 소식 살다가 처음으로 남편이 꽃을 가져왔네.

나쁜 소식 그런데 하얀 국화꽃만 있네.

·

·

·

환장할 소식 장례식장 갔다가 아까워서 가져온 거라네.

애도하는 이들

•

일간지 더 타임스는 유머 위트의 달인이자 채식주의자였던 버나드 쇼의 죽음에 대해 이렇게 스케치했다.

.

.

.

"장례식 행렬에 염소와 소, 양 떼가 울면서 뒤를 따랐다."

글 잘 쓰고 나발이고

김훈 작가는 제1회 백두대간 인문캠프 특강을 위해 경상북도 안동 하회마을을 찾았다.
공개대담에서 그는, "나의 현재 고민은 '죽음'에 관한 것"이라고 말했다. "죽음을 어떻게 맞이하는가에 대해 고민한다"며 "또한 후배들에게 어떻게 하면 모든 것을 잘 물려줄 수 있을까에 대해 생각한다"고 했다.
그는 또 "나는 죽으면 굉장히 친절한 사람이었다고 남들이 기억해 줬으면 한다. 글 잘 쓰고 나발이고 필요 없고, '그 사람 참 상냥하고 친절한 사람이었다'라고 기억해 주면 좋겠다"고 말했다.

오백 가지도 넘는다는 죽음

'돌아가셨다.' '천국 가셨다.' '멀리 떠났다.'

죽음에 대한 표현들이다.

그런데 죽음에 대한 묘사는 500가지도 넘는다. 이를테면 이런 따위다.

① '떼이불 덮었다', ② '밥수저 놨다', ③ '구들장 졌다', ④ '망천길 떠났다', ⑤ '갔다', ⑥ '세상 등졌다', ⑦ '저승으로 가다', ⑧ '황천(黃泉)길 떠났다', 관(棺)의 옛말인 골을 따라 ⑨ '골로 가다'라고도 하고, ⑩ '북망산(北邙山) 가다'도 있다.

세상을 하직했다는 의미의 '別世(별세)'에서부터 시작해 '棄世(기세)', '永眠(영면)', '作故(작고)', '他界(타계)'의 한자식 표현이 있다. 신분에 따라 임금이 죽으면 '昇遐(승하)'했다 하고, '死去(사거)'의 높임말로 '逝去(서거)'가 있다. 천자(天子)는 '崩(붕)'으로 태산이 무너짐을 나타낸다. 제후(諸侯)는 '薨

(훙)'이라 해서 감독 기관이 닫힌다는 의미다. 3~5품(品)은 '卒(졸)'을 써서 맡은 바 임무가 끝났다고 알린다. '死(사)'는 6품(品)에서 서(庶)까지의 일반 백성의 죽음을 표현한다.

심지어 종교에 따라 '涅槃(열반)', '召天(소천)', '善終(선종)'이 있다. 불교에서는 기독교와 가톨릭과 달리 죽음이 더 다양하게 묘사된다. '寂滅(적멸)', '入寂(입적)', '歸寂(귀적)', '入滅(입멸)', '滅度(멸도)' 등.

나이에 따라 30대의 죽음은 '夭(요)'로, 40대는 '折(절)'로 표현한다. 요절했다 함은 젊은 나이에 갔다는 뜻이다.

죽음의 부고(訃告)

평생 삶의 곁 지킨 '죽음'
선종

스티브 잡스에 의해 '인간의 가장 위대한 발명품'이라 불리었던 죽음이 끝내 세상을 떠났다.

사인은 죽어야 할 것이 죽지 않아서 죽음이 그 자리를 대신한 것으로 판명되었다. 삶과 함께 일란성 쌍둥이(죽살이)로 태어난 고인(故人)은 인문학적 성찰 없는 경박한 삶을 가장 안타까워했고 진정한 유산은 집문서, 땅문서가 아닌 추억의 유산, 관계의 유산, 리더십의 유산, 습관의 유산 등이라고 가르쳐 왔다. 삼풍백화점 붕괴, 대구 지하철 화재, 성수대교 붕괴, 연평도 포격, 천안함 사태 등을 거치면서 '삶의 자리에서 죽음을 보지 말고 죽음의 자리에서 삶을 바라볼 것'을 주문했다. 하지만 사람들은 그의 가르침을 쉬 잊었고 철저하게 외면하고 무시했다. 이번 세월호 참사마저 '세월이

약'이라며 세월에 방기(放棄)하는 것을 가장 괴로워한 것으로 전해졌다. 고인은 '죽음을 기억하라(Memento Mori)' '오늘을 살아라(Carpe Diem)'라는 두 마디 말을 유언으로 남기고 영면했다.

유족으로는 안식, 해방, 자유, 재탄생이 있고 빈소는 사망(思亡)에 있다. 장례예배는 바로 오늘이며 장지는 '끄트머리'(끝+머리)다.

— 소헌

왔다 갔다

마음에 짚이는 게 있었나

동백 꽃가지에 햇살이
어제보다 오래 앉았다 갔다
애써 묻지 않았다

출렁, 꽃이 진다

쪽달에게 한쪽 무릎을 내주며 여위어 가는
기인 공백기
숭어리숭어리 꽃을 삭제해도
뿌리에 기록되는 이별의 이력

붉어,
꽃은 다시 핀다

—심옥남 시인

다음 순서

•

나는 어렸을 때 결혼식에 가는 걸 굉장히 싫어했다.

이유가 있었다. 이모들이나 고모들, 삼촌이나 할머니, 할아버지가 미소를 지으며 나한테 와서는 옆구리를 쿡쿡 찌르면서 "다음 순서는 너냐?" 하며 낄낄대는 것이었다. 그때마다 난 부아가 났다.

그러던 내가 그분들에게 똑같은 말을 할 기회를 얻을 줄이야!

"다음 순서는 고모님이에요?"

그날 이후 고모님들은 나에게 다시는 그 말을 하지 않게 되었다.

그곳은 장례식장이었다.

단원 김홍도의 마지막 순간

성포리 앞바다 물때는 이른 아침과 오후였다. 밀물을 따라 포구 가까이 왔던 물고기는 썰물을 타고 나가다 촘촘히 박힌 싸리나무 어살에 걸려 돌아가지 못했다. (…) 성포리 남정네들은 어살에 걸려 펄떡이는 민어 · 농어 · 병어 · 전어 · 준치 · 밴댕이를 광주리에 담으며 노래를 불렀다.

"고기들이 걸렸구나 어~야~디야~/어~야~디야~ 어~기~야~디야~ 에~헤~."

김홍도는 가쁜 숨을 내쉬며 아들에게 물었다. 노을이 아직 바다 위에 있느냐고. 아들은 아무 대답이 없었다.

—이충렬, 《천년의 화가-김홍도》에서

마지막 순간, 죽음을 앞둔 단원의 귀에는 성포리 풍어 가락이 들려왔을지도 모른다. 그림은 고향 바닷가 풍경을 그린 〈어살〉(부분).

사진 / 국립중앙박물관

당나귀 친척

•

잉글랜드로 부임한 아일랜드인 신부. 집 앞에 차에 치인 당나귀 사체가 있는 것을 보고 경찰에 전화를 걸었다.

"안녕하시오, 집 앞에 죽은 당나귀가 있어서 신고를 하려고 하오만. 사람을 좀 보내서 가져가 줄 수 있겠소?"

경관이 아일랜드 말투를 알아듣고는 짓궂은 목소리로 대답했다.

"어허, 임종하는 영혼의 곁을 지키는 건 신부님들이 하시는 일 아닙니까? 왜 저희한테 전화를 하셨습니까?"

한참 동안 아무 말도 않고 있던 신부가 입을 열었다.

"맞는 말이오. 하지만 고인의 친족에게 부고를 전하는 것도 신부의 의무라."

새 전화번호

●

어느 날 스미스 씨 댁에 전화를 걸게 되었을 때다. 난 너무나 행복했다. 이유가 있었다. 전화를 받아 주신 여자분은 너무나 친절하고 상냥했다.

"스미스 씨 계신가요?"

그녀가 대답했다.

"죄송합니다. 그분은 이곳에 살지 않습니다."

나는 그와 다시 통화할 수 없다는 생각에 크게 실망했지만 그녀에게 되물었다.

"그럼 스미스 씨의 새로운 전화번호를 알 수 있을까요?"

그녀는 흔쾌히 전화번호를 알려 주었다.

새 번호로 전화를 걸었다. 난 너무나 들떠서 기다렸다.

.

.

.

"네, 여긴 공원묘원입니다! 무엇을 도와 드릴까요?"

나의 오늘은 누군가가 살았던 과거와 같다.
누군가가 그토록 후회하고 바꾸지 못한
어제를 오늘 살고 있다면,
그 사람의 내일은 죽은 자와 같다.

웃프닝의 원조

•

미국 대통령 선거 유세 당시, 부시는 자신을 '거듭난 신자(born again Christian)'로 소개하곤 했다. 기독교인의 표를 의식해서다.

이에 뒤질세라 앨 고어는 한술 더 떠 자신은 '거듭난 신자'일 뿐 아니라 자신이 가장 좋아하는 성구는 '요한복음 16장 3절'이라고 떠들었다. 적지 않은 유권자들은 헷갈렸다.

집에 가서 성경을 뒤져 보았다. 성경에는 이렇게 적혀 있었다.

"그들이 이런 일을 할 것은 아버지와 나를 알지 못함이라."(그들은 아버지도 나도 알지 못하므로, 이런 일들을 할 것이다.-표준새번역)

벌렁 나자빠질 일이었다. 요한복음 3장 16절을 뒤바꾸어 잘못 말했던 것이다.

앨 고어는 결국 대통령 선거에서 낙선했다. 웃프닝이었다.

(요한복음 3장 16절은 "하나님이 세상을 이처럼 사랑하사 독생자를 주셨으니 이는 그를 믿는 자마다 멸망하지 않고 영생을 얻게 하려 하심이라.")

제가 조금 전에 사망했습니다

"안녕하세요, 아트 부크월드입니다. 제가 조금 전에 사망했습니다."

뉴욕타임스 인터넷 판에 올라온 유머 칼럼니스트 아트 부크월드(1925~2006)의 동영상 부고기사다.

날카로운 풍자가 가득한 칼럼으로 미국인들의 사랑을 받아 온 부크월드는 본인이 직접 (미리 제작된) 동영상 비디오에 출연해 자신의 사망 소식을 알렸다.

그가 남긴 칼럼의 일부다.

독자 여러분! 제가 지금까지 호스피스에 남아 있는 건 뜻밖입니다. 전 이미 5, 6주 전에 죽었어야 하는 사람인데 말이죠……. 사실 투석 치료를 그동안 너무 받았지요.
그래서 치료를 그만두기로 했습니다. 호스피스에 처음 왔을 때 기껏해야 2, 3주 버틸 것으로 생각했습니다. 그런데 벌써 6주가 지났습니다. 노인 의료보험 혜택을 저만큼 많이 받은 사람이 또 있을까요? 호스피스에서는 환자가 원하는 것은 무엇이든 다 할 수 있게 해줍니다. 맥도널드의 밀크셰이크, 햄버거도 사람을 시켜 사 올 수 있습니다.
병원이었다면 맘대로 먹지도 못하게 했을 겁니다. 아들 부부가 만들어 온 요리와 하겐다즈 요구르트도 먹고 있습니다. 절 기쁘게 해주려면 역시 음식이 최고랍니다.
어느 날 친구에게 '쇠고기 샌드위치가 먹고 싶다'고 했더니 다음 날 무려 10개나 사 왔답니다.
다만, 생각지도 않게 사는 날들이 길어지게 되자 전에는 신경 쓸 필요가 없던 일들이 많이 생겼습니다. 아침마다 안 하던 면도도 해야 하고, 휴대전화도 괜찮은 신제품을 새로 구입해야 했고, 유언장도 새로 작성해야 했습니다. 심지어 장례 계획도 처음부터 다시 짜야 했습니다.
더군다나 또 하나, 조지 W. 부시 대통령을 다시 걱정하기 시작해야 했습니다. 전 이곳에서 '죽지 않을 사람(The Man Who Wouldn't Die)'으로 통합니다. 만약 계속 살아 있다면 언제까지 머물게 해줄

까요.

솔직히 지금 건강해져서 나갈 수 있다 해도 걱정입니다. 왜냐면 전 지금 여기서 제 인생 최고의 시간을 보내고 있으니까요…….

그의 칼럼은 전 세계 500여 개 신문에 실렸고 퓰리처상을 수상하기도 했다. 유머 작가 아트 부크월드는 2007년 1월 가족들이 지켜보는 가운데 지병인 신장병으로 81세의 수를 누린 후 타계했다.

이처럼 해학이 넘치는 부크월드였지만 그의 어린 시절은 불우했다. 그는 보육원에서 어린 시절을 보냈다. 어머니는 평생을 정신병원에서 지냈다. 아버지마저 사업에 실패했다. 고교 중퇴 후 해병대에 들어간 그는 전역 후 남캘리포니아 대학에서 대학 유머잡지 편집장을 하면서 글쓰기에 취미를 붙였고, 졸업 후 파리로 건너가 인터내셔널 헤럴드 트리뷴에서 '파리의 밤'이라는 칼럼을 연재하면서 필명을 날리기 시작했다.

그는 뉴욕타임스와의 인터뷰에서 삶의 의미를 묻는 질문에 이렇게 답변했다.

"글쎄, 잘 생각해 보지 않았지만, 아마 다른 사람을 웃게 만들기 위해 태어난 것 아닐까요?"

지금 해야 할 일

"삶의 마지막 순간에 바다와 하늘과 별 또는 사랑하는 사람들을 마지막으로 한 번만 더 볼 수 있게 해달라고 기도하지 마십시오. 지금 그들을 보러 가십시오."

— 엘리자베스 퀴블러 로스, 《인생 수업》에서

병풍의 부활

붓놀림은 유연했고 힘찼다. 나는 그의 표정에서 어떤 결기를 느낄 수 있었다. '상례의 독립선언이 필요하다'는 한마디에 분연히 일어섰다.

석창우 화백의 작업실을 찾았다. 마주 앉아 3 · 1운동 100주년을 놓고 이야기를 주고받았다. 시국을 논(論)하고 국가 장래를 논하는 거대담론은 언감생심이었다. 민초의 한 사람으로 나눌 수 있는 상-장례에 관한 일상의 이야기였다. 석 화백께서 어머니를 떠나보낸 지 얼마 되지 않아서였던지 장례 문화를 놓고 물 흐르듯이 이어졌다.

과연 우리는 일본으로부터 독립한 것일까? 아직도 떨쳐내지 못한 일제 잔재가 남아 있다면 장례가 아닐까 싶다. 소니의 전자제품과 코끼리 밥솥으로 회자된 '기술 속국(屬國)'에서 벗어난 지 오래지만 아직도 장례 속국의 오명은 벗겨 내지 못하고 있다.

원래 우리네 삶은 '병풍'으로 시작해 '병풍'으로 마쳤다. 돌잔치도 병풍 앞에서였다. 결혼식도 마찬가지였다. 장례식의 자리, 주검 앞에 병풍이 둘러쳐졌다. 어린 나이에도 알았다. 새끼손가락 마디도 못 미치는 병풍 건너편이 곧 죽음이라는 것을.

그 병풍을 거두어 간 자리를 흰 국화꽃이 차지했다. 흰 국화는 일본 황실의 상징 꽃이다. 우리 죽음을 일본 황실에 갖다 바치는 셈이다. 완장이 그렇다. 수의도 마찬가지다. 그들은 죄수들에게 입혔던 수의를 입히고 비단을 공출해 갔다. 3일장도 그렇게 탄생했다. 사람들이 모이는 것을 흩어 버릴 요량으로 '간소화'란 미명하에 '속성 장례식'으로 내몰았다.

우리는 일제에서 벗어나는 상징으로 '병풍 제작'에 의견이 일치했다. 8폭에다 출생부터 죽음에 이르기까지의 일생을 드러내는 성경을 석창우 서체로 그려 내고 싶었다. 그 어떤 그림보다 '최후의 만찬'을 현대적 시각으로 표현해 보자는 데 생각이 모아졌다.

석 화백은 지체하지 않았다. 작업실로 옮겨 그림을 그리기 시작했다. 함께한 스태프와 나, 둘 만을 위한 퍼포먼스가 진행되는 순간이었다. 세상에 이렇게 황홀할 수가 있다니……. 나는 그가 그림을 그리고 있는 내내 독립선언서의 마지막을 떠올리고 있었다.

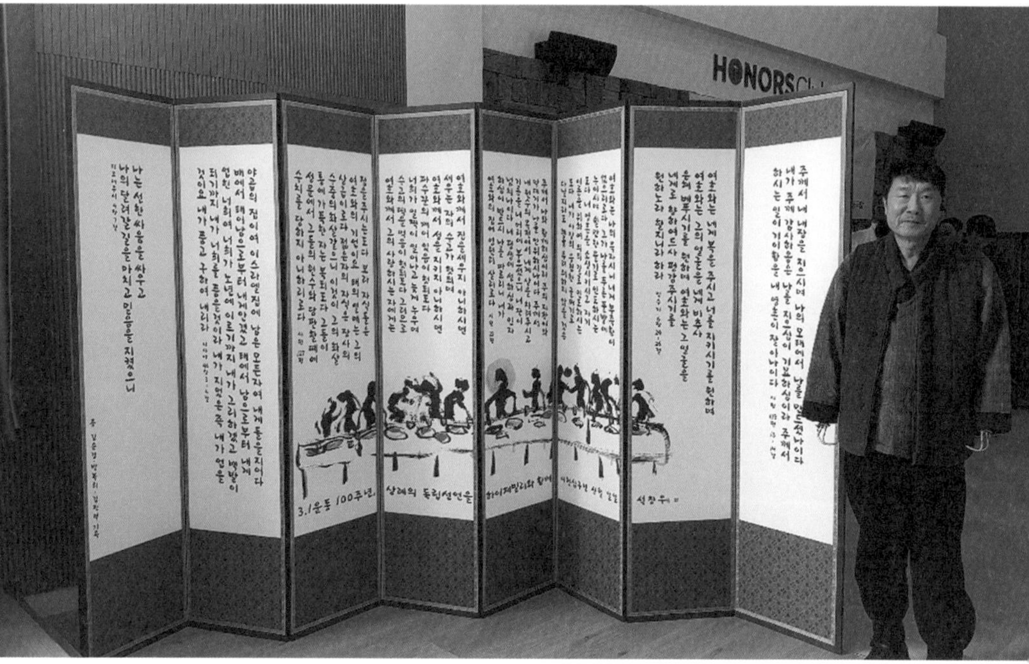

석창우 화백

"우리가 이에 힘차게 떨치고 일어나도다. 양심이 우리와 함께 있으며, 진리가 우리와 함께 나아간다. 남녀노소 없이 어둡고 답답한 일본의 억압 상태에서 활발히 일어나 나와서, 삼라만상과 함께 즐겁고 유쾌한 부활을 이루게 되었다. 먼 조상들의 혼령이 우리를 가만히 도우며, 온 세계의 형세가 우리를 보호하고 있으니, 시작이 곧 성공이다. 다만, 앞길의 밝은 빛을 향하여 힘차게 나아갈 따름이다."

〈장례 독립선언서〉에 다를 바 없는 병풍은 그렇게 탄생되고 있었다.

짧지만 길었던 추모의 시간

●

미국 프로농구(NBA) 샌안토니오 스퍼스와 토론토 랩터스의 경기.

시작을 알리는 휘슬이 울렸다.

재빨리 움직여야 할 선수들은 뜻밖에도 로봇처럼 우뚝 멈추어 섰다. 공을 잡은 선수도 마찬가지였다.

24초가 흘렀다.

샷 클락 바이얼레이션(shot clock violation)에 걸렸다. 24초는 NBA의 공격제한시간(shot clock)이다.

공은 상대방에게 패스되었다. 상대 팀 역시 24초 동안 멈추어 섰다. 관중석에서 누군가 이름을 부르기 시작했다. 코비! 코비!

경기 시작 전, 그들은 전설적인 스타 코비 브라이언트의 헬리콥터 사고 소식을 들었다.

브라이언트를 위한 추모의 시간.

선수들도 관객들도 브라이언트의 백넘버 24번을 기억했다. 하루 24시간, 공격제한시간 24초, 매시간 매초 최선을 다하겠다던 그의 삶을 새기고 있었다.

이 세상 모든 세레머니를 모아도 이보다 더 아름답고 숭고할 수는 없을 것 같았다. 어떤 시상식이 이보다 더 장엄할 수 있을까?

경기보다 아름다웠던 48초의 시간.

추모의 격을 다시 한번 생각해 본다.

"남에게 밧줄을 던져 줄 때는 반드시 한쪽 끝을 잡고 있어라… 아무리 의도가 좋더라도 슬픔에 빠진 이에게 입증할 수 없는 말은 절대 하지 말라… 예를 들어 누군가 '그분은 더 좋은 곳으로 가셨어요'라고 한다면, 이때 이 사람은 밧줄의 반대쪽 끝을 잡고 있지 않은 것이다… 반면 '밤새도록 휴대전화를 쥐고 있다가 당신 전화번호가 뜨면 언제라도 받을게요'라고 말해 준다면 한결 더 낫다. 이는 그 사람이 알 수 있는 사실이고, 또 할 수 있는 일이다. 신뢰해도 되는 밧줄이다."

— 론 마라스코&브라이언 셔프, 《슬픔의 위안》 중에서

고인(故人)에게는 조화(造花)를 바치지 않는다

군인에게는 흰 꽃이 아닌 붉은 꽃을 바친다. 군인에게 흰 꽃은 모욕이다. 흰 꽃에는 순결의 의미도 있지만 항복 · 체념의 의미가 있어서다. 군인에게 붉은 꽃은 목숨 바쳐 지켜 낸 자유와 평화의 열정을 기억한다는 의미다. 피 흘림을 잊지 않겠다는 다짐이다.

사자(死者)에게 조화(造花)는 죽음에 대한 조롱이다. 꽃은 생화(生花)와 가화(假花)로 나눈다. 가화의 '가'는 '거짓 가(假)'다. 종이와 천, 비닐 등으로 만들었다고 해서 조화(造花)로 불린다. 생화와 조화의 차이는 간단하다. 생화에는 향기가 있지만 조화는 아무리 아름다워도 향기가 없다.

고인을 추모할 때 생화를 건네므로 생명의 환희를 전한다. 여전히 내게

살아 있음을 확인한다. 동시에 고인이 남긴 삶의 자취가 내 속에 향기로 남아 있음을 확인하는 시간이다.

한국의 장묘문화에는 바꿀 것들이 많다. 장례식장에는 온통 일본 황실을 상징하는 흰 국화로 뒤덮여 있다. 무덤에는 싸구려에다 조잡하기 짝이 없는 조화(造花)로 그득하다. 추운 겨울, 영하의 날씨에도 울긋불긋 피어난 신비스러운(?) 꽃이 조화인 것을 보고 외국인들은 너무 놀란다.

조화에는 벌도 날아들지 않는다고 하지 않던가? 대신 조화의 그늘 아래 땅벌레들만 그득하다. 나무 곁에 고인이 좋아하던 꽃들이나 야생화를 심어 벌과 새들이 노래하게 하면 얼마나 좋을까?

장례식장의 연두색 드레스

•

2010년 1월 어느 날, 스코틀랜드 던디에서의 장례식.

영국군으로 아프가니스탄 전쟁에 참전했다가 스물넷 한창 나이에 목숨을 잃은 스코틀랜드 출신 케빈 엘리엇 상병(Private Kevin Elliott)의 장례식이었다.

마음이 무겁기만 한 자리에 난데없이 연두색 여장을 한 남자가 나타났다. 전혀 어울리지 않는 드레스 코드. 이 엄숙한 분위기에 무슨 장난질이냐고 그를 쫓아내려 했는데 마침 케빈의 할머니가 사람들을 말려 그의 참석을 허락했다.

형광색 드레스에 유치한 분홍색 양말을 신은 우스꽝스러운 조문객은 케빈의 둘도 없는 친구 배리 델러니(Barry Delaney)였다.

둘은 파병되기 전날 약속을 나누었다.

“둘 중 하나가 먼저 죽으면 나머지 한 명이 여자 드레스를 착용하고 장례식에 참석하자. 무덤 속에서 그거 보고 마음껏 낄낄대며 웃을 수 있게.”

사연을 알게 된 장례식장은 눈물바다를 이루었다.

한 명의 애인

story

엄마가 57세에 혼자가 되어 버렸다. 나의 이혼 소식에 쓰러진 아버진 끝내 돌아오지 못하셨고, 그렇게 현명하셨던 엄마는 정신이 반 나간 아줌마가 되어 큰오빠, 작은오빠 눈치 보기 바빴다.

이제 아버지 노릇을 하겠다는 큰오빠 말에 그 큰 집을 팔아 큰오빠에게 다 맡겼고, 나 몰라라 하는 큰오빠 때문에 작은오빠의 모든 원망을 다 감수해야 했다.

사이 좋았던 팔남매가 큰오빠 때문에 모이는 횟수가 줄어들수록 엄마의 표정은 점점 굳어져 가고 노름하는 아들한테조차 할 말을 못 하는 딱한 처지가 되어 버렸다. 그걸 이해하는 난 엄마가 원하는 대로 형제들에게 돈을 풀어 주었다. 그런 나에게 미안했던 엄마는 가끔 나에게 이런 말씀을 하셨다.

"널 낳지 않았으면 난 어떡할 뻔했니?"

"괜찮아, 엄마. 엄마는 우리 여덟을 잘 키웠구, 큰오빠가 지금 자리 잡느라고 힘들어서 그렇지, 효자잖어. 이젠 새끼들 걱정 그만하고 애인이나 만들어서 즐기고 살어!"

"난 애인은 안 돼. 니 아빠 같은 남자가 없어."

그러던 엄마가 어느 날 나에게 슬그머니 말씀하셨다.

"남자친구가 생겼어. 작년 해운대 바닷가 갔다가 만났는데 괜찮은 거 같아서 가끔 같이 등산 간단다."

어쩐지……, 자꾸 등산을 가시더라…….

"뭐 하시는 분인데?"

"개인병원 의사인데, 사별했대."

"이번 엄마 환갑 때 초대해 봐. 내가 언니, 오빠들한테 말해 놓을게."

우린 엄마 생신 때 호텔 연회장을 하나 빌려 엄마 지인들과 여고 동창들을 다 초대했다. 그리고 그 아저씨도……. 엄마 남자친구는 멋졌다. 그리고 어울렸고 아버지와 비슷한 분위기를 풍겨 더 좋았다.

"그 집 아들들이 재혼을 원한다는데 어쩌지? 혼자 계시는 아버지가 좀 그렇다네."

모두들 찬성이었다. 그런데 작은오빠가 길길이 뛰기 시작했고,

"안 돼, 엄마. 그런 게 어딨어. 우리 불쌍한 아버진 어쩌라구! 이 나이에도 남자가 필요해? 우리 자식 보며 살면 안 돼? 창피해! 형은 장남이 돼 가지고 엄마 모시기 싫어서 그래?"

"내가 모실 테니 걱정 마."

"그러면 아버지 제사 땐 어쩔 건데?"

"엄마! 아직 난 엄마가 필요하다구!!!!"

말도 안 되는 궤변을 늘어놓는 미친놈이 보기 싫어 형제들은 다 가버렸고 소리 지르며 욕을 퍼붓는 나를 엄마가 막으셨다.

"그만해라, 없었던 일로 하마."

그리고 다음 해.

어느 날 술이 잔뜩 취해 올케와 싸웠다고 작은오빠가 전화가 왔다. 가지 말라고 말리는 나를 뒤로하고 간 엄마를 다음 날 병원 응급실에서 만났다.

새벽에 얼까 봐 수돗물을 틀어 놓으러 나오셨다가 쓰러져 뒤늦게 발견된 엄마! 우리 자식들은 중환자실에 누워 있는 혼수상태의 엄마 옆에 처음엔 매일 붙어 있었지만 시간이 좀 흐르자 언제 끝날지 모르는 것에 두려워지기 시작했다. 슬슬 볼일들을 보기 시작했고 면회시간을 꼭 지켜 기다리고 있는 건 병원을 맡기고 온 원장님뿐이었다.

우린 깨어나지 않는 엄마를 기다릴 뿐이었는데 원장님은 엄마를 주무르며 계속 속삭였다.

"박 여사, 일어나요. 우리 전에 시장 가서 먹었던 선짓국밥! 그거 또 먹으러 갑시다. 내가 사 준 원피스도 빨리 입어 봐야지!"

병원에서는 우리 형제들을 불러 놓고 말했다.

"이제 병원에서 해줄 것은 없습니다. 퇴원하셔야 됩니다."

평생 '식물인간'이라는 판정과 함께 어디로 모셔 갈 건지를 정해 줘야 차로 모셔다 준다는 말에 모두들 헉!

큰올케가 먼저 말했다. 자신은 환자를 집에 모시는 건 못 한다고.

둘째오빠가 말했다. 맞벌이라 안 된다고.

장가도 안 간 스물여덟 막냇동생은 울기만 한다.

딸들 표정은 '당연히 큰오빠가 해야지.' 본인들하곤 상관없는 이야기였다.

오빠들은 '그동안 네가 모셨으니 계속하면 안 될까?' 하는 표정으로 날 본다. 그냥 누워 계시는 게 아니라, 산소호흡기를 꽂고 있어야 하니 모두들 선뜻 대답을 못 했다.

난 결국 내 집인 줄은 알지만 형제들 꼴을 쳐다보고 있는데,

"저, 제가 감히 한마디 해도 되나요?"

언제 오셨는지 우리 곁으로 오신 원장님.

"제가 그때 박 여사와 재혼을 말했을 때 박 여사가 이렇게 말했어요. '아직 우리 애들한텐 엄마가 필요한가 봐요. 자식들이 내가 필요 없다 하면 그때 갈게요.' 했어요. 지금도 엄마가 필요하세요? 난 저렇게 누워 있는 사람이라도 숨만 쉬고 있는 박 여사가 필요합니다. 나한테 맡겨 주세요. 내 병원이 박 여사한텐 더 편할 겁니다."

작은오빠가 통곡을 했다. 다른 형제들이 울기 시작했다. 결국 엄마는 퇴원을 못 하고 돌아가셨다. 모두 저마다 믿는 신에게 기도했겠지만, 난 엄마에게 부탁했다.

"엄마!

엄마의 이뻤던 모습만 보고 먼저 간 아버지는 잊고

엄마의 추한 병든 모습까지도 사랑한 이 원장님만 기억하고 가.

엄마!
엄마는 팔남매 키운 공은 못 보고 가셨지만
여자로 사랑만큼은 멋있었어."

67세에 우리 엄마는 그 가슴 졸이며 평생 키운 팔남매가 아닌 몇 년 만난 남자의 손을 잡고 마지막 숨을 거두셨다.

자식이 식물인간이 돼 있다면 부모는 무엇을 이유로 댈까. 우리 팔남매는 엄마를 모셔 가지 못할 이유가 다 있었다. 더 끔찍한 것은 나도 그 입장이라면 그런 핑계를 대지 않았을까? 이해가 된다는 것이었다.

우리 엄마한테 묻고 싶다.

"엄마, 또다시 새 인생을 준다면 팔남매 낳을 거야?"

어머니는 옛살비

어머니가 숨 거두기 전 들려준 말은
“어머니가 자꾸 보인다”
세계에서 가장 나이가 많은 할머니가
운명하면서 마지막 한 말은
“엄마”

내가 폐렴 걸려
죽음의 언저리를 떠돌 때
끓는 손을 들어 애타게
허공을 휘저으며 잡으려던 것은
이미 세상에는 없는
어머니의 손

어머니는
언제나 그립고 사무치는 옛살비*
기쁠 때나 슬플 때나 위험할 때
작아지고 가벼워져 바스라지려 할 때
저절로 튀어나오는 소리
마음의 근원 옛살비

어머니 어머니 어머니
옛살비 옛살비 옛살비
부르면 눈물이 나고 목이 메는
부르면 따뜻해지고 힘이 솟는
어머니는 옛살비
옛살비는 어머니

— 차옥혜,《한국시학》2017년 봄호

(*옛살비: '고향'의 순우리말)

죽음 저편을 훔쳐보다

•
•
•

하늘이
다 아는
스캔들_

III

안개꽃

•

남편이 죽을락 말락 할 때 아내한테 딱 한 번 바람 피웠다고 양심선언을 했다. 깔끔하게 비밀을 털고 간 남편이 고마웠다.

아내가 죽은 다음 저세상으로 가서 진실한(?) 남편을 찾아다녔다. 그곳에서는 바람 피운 횟수만큼 머리에 꽃을 꽂고 있었다.

첫 번째, 꽃 한 송이 방을 찾았다.

남편이 없었다.

두 송이 방, 세 송이 방…….

머리에 세 송이의 꽃을 꽂은 아내의 얼굴이 하얗게 변해 갔다.

이리저리 찾아 헤매다 드디어 남편을 만났다.

.

.

.

남편의 머리에는 안개꽃이 가득 피어 있었다.

‘완결’과 ‘끝장’

•

런던에서 개최한 세계적인 언어학 컨퍼런스에서 던져진 질문.

“사람들은 ‘complete’와 ‘finished’의 의미에 아무런 차이가 없다고 말합니다. 선생님께서 ‘complete’와 ‘finished’의 차이를 이해하기 쉽게 설명해 주실 수 있습니까?”

가이아나의 발고빈(Samsundar Balgobin)이란 언어학자가 그 차이를 설명한다.

“옳은 여자를 만나 결혼하면 완결(complete).

옳지 않은 여자를 만나 결혼하면 끝장(finished).

그리고 옳지 않은 여자와 지내다가 옳은 여자에게 들키면 완전 끝장(completely finished)!”

그 결과는?

.

.

.

참석자들은 일제히 기립하여 박수로 화답했다. 무려 5분이 넘었다.

부활

•

남편과 잔소리꾼 아내가 성지 이스라엘로 여행을 떠났다가 여행 중에 불행히도 남편이 심장마비로 죽고 말았다.

장의사가 아내에게 말했다.

"남편의 시신을 800만 원을 부담하고 본국으로 보낼 수도 있고, 거룩한 땅인 이스라엘에 200만 원의 처리비용으로 묻을 수도 있습니다."

아내는 잠시 고민하더니 그냥 본국으로 보내겠다고 말했다.

장의사가 물었다.

"무려 4배나 되는 비용을 부담하시게요?"

아내가 대답했다.

"아주 먼 옛날 한 남자가 이 땅에 묻혔다가 사흘 후에 부활한 적이 있다죠? 저는 그런 도박을 하고 싶지 않습니다."

리무진과 티코

•

세 명의 남자가 차사고로 죽어 천국의 문 앞에서 베드로를 만났다.

베드로가 말했다.

"내가 질문을 할 건데 진실을 말하면 천국으로 갈 것이고, 거짓말을 하면 지옥으로 갈 것이오."

첫 번째 남자에게 물었다.

"아내 몰래 바람을 피운 적이 있나?"

"저는 좋은 남편이었습니다. 외도를 한 적이 없습니다."

베드로가 말했다.

"좋아! 천국에 들어가는 건 물론이고 신실한 남편으로 산 보상으로 큰 맨션과 리무진을 주지."

두 번째 남자에게 물었다.

"아내 몰래 바람을 피운 적이 있나?"

"저는 두 번 바람을 피운 적이 있습니다."

베드로가 말했다.

"천국에 들어오게는 해주겠지만 두 번 바람을 피웠기 때문에 방 네 칸짜리 집과 BMW를 주겠네."

세 번째 남자에게 물었다.

"아내 몰래 바람을 피운 적이 있나?"

"저는 여덟 번 정도 바람을 피운 적이 있습니다."

베드로가 말했다.

"천국에 들어오게는 해주겠지만 여덟 번 바람을 피웠기 때문에 단칸방과 아반떼를 주겠네."

얼마 후, 두 번째 남자와 세 번째 남자는 펑펑 울고 있는 첫 번째 남자를 보게 된다. 그들은 물었다.

"왜 우십니까? 그대는 가장 큰 맨션과 가장 좋은 차를 받지 않았습니까?"

첫 번째 남자가 대답했다.

"나는 조금 전, 내 아내가 티코를 타고 다니는 걸 봤단 말이오."

땅에서 숨기는 비밀?

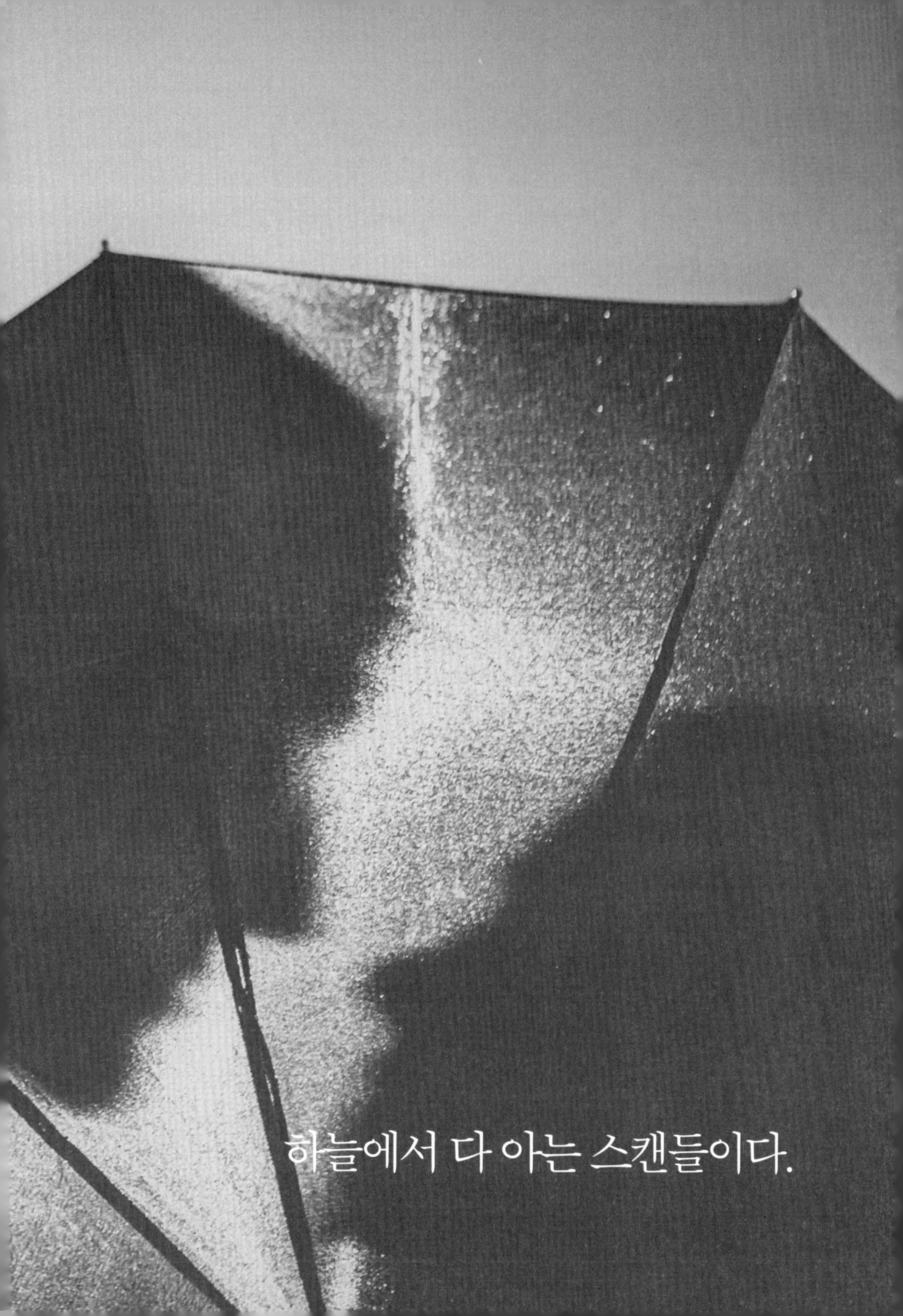
하늘에서 다 아는 스캔들이다.

그건 당신 생각이지

•

박람회장을 둘러보던 남자의 눈에 점쟁이의 천막이 보였다. 재미있는 소일거리가 되리라 여겨 그는 천막 안으로 들어가 자리를 잡고 앉았다.

그러자 점쟁이가 수정 구슬을 들여다보며 말했다.

"내가 보기에 두 아이의 아버지시군요."

"허어! 그거야 당신 생각이지요. 난 세 아이의 아버지랍니다."

남자가 비웃으며 말했다.

"허어! 그거야말로 당신 생각이지요."

점쟁이의 말에는 뭔지 모를 비애가 서려 있었다.

판박이

•

한 시골 사람이 로마에 올라와 거리를 걷고 있었다. 그는 생김새가 아우구스투스 황제와 판박이라서 눈길을 끌었다.

황제는 그런 신기한 일이 있다는 얘기를 듣고 시골 사람을 궁전으로 불렀다. 호기심 어린 눈으로 그를 바라보던 황제가 물었다.

"여보게 젊은이, 혹시 자네 어머니가 이 궁정에서 시녀로 일했는가?"

그러자 판박이 청년이 대답했다.

"아니옵니다. 소인의 아비가 여기에서 모후마마의 정원사로 일했습니다."

억울해

•

닭들의 마을에 금슬 좋은 닭 부부가 살고 있었다.

그러던 어느 날, 수탉이 암탉을 죽을 만큼 패서 내쫓으며 소리치는 것이었다.

"이 싸가지 없는 것!! 어디서 오리 알을 낳아!"

그런데 며칠 후 암탉이 죽은 채로 발견되었다.

동네 닭들이 모여서 수근거리기 시작했다.

"쯧쯧. 아니, 며칠 전에 수탉이 암탉을 패더니……. 분명히 수탉이 죽였을 거야."

그래서 그 마을의 촌장 닭이 수탉에게 엄한 목소리로 물었다.

"수탉, 자네가 죽였나?"

그러자 수탉이 황당하다는 듯 하는 말,

.

.

.

"뭐요? 지 혼자서 타조 알 낳다가 죽었다니까요."

고백

•

베키는 남편 제이크가 보는 가운데 임종을 맞고 있었다.

그녀의 차가운 손을 잡은 남편의 눈에는 말없는 눈물이 흘러내렸다.

"제이크!" 아내가 남편을 불렀다. 남편은 "쉿, 말하지 마요." 하고 재빨리 그녀의 말을 가로막았다. 그러나 그녀는 쇠약한 목소리로 다시 말했다.

"죽기 전에 당신에게 꼭 고백해야 할 말이 있어요."

"다 괜찮으니까 고백할 필요 없어요."

울면서 남편 제이크가 대답했다.

그러자 아내는,

"죽기 전에 꼭 당신께 고백해야 할 일이 있단 말예요. 그동안 내가 당신 몰래 바람 피워 왔단 사실 말예요."

그러자 남편이 이렇게 말했다.

"신경 쓰지 마요. 이미 난 모든 걸 다 알고 있으니까."

그리고 흐느끼며 말을 이었다.

"그런 이유가 아니라면 왜 내가 지금 독약을 타서 당신을 독살하려 한단 말이오?"

아기 물고기가 엄마 물고기에게 물었다.
"엄마, 바다가 뭐예요?"

"바다가 있긴 있나 보더라만……
바다를 본 물고기는 다 죽었다더구나."

LOVE

•

남자가 죽어서 천국으로 갔다. 베드로가 죽은 남자에게 말했다.

"그동안 살면서 해온 것을 봤는데 천국에 들어갈 수 있을 것 같습니다. 그러나 한 가지 조건이 있습니다."

남자가 대답했다.

"무슨 조건인가요?"

베드로가 말했다.

"러브의 철자를 말하시오."

그래서 남자는 L-O-V-E 철자를 한 글자씩 또박또박 말하고는 천국에 들어갔다.

남자가 들어가려는 순간, 베드로가 잠깐 회의가 있다며 자리를 부탁하고 떠났다. 베드로는 신신당부하며 누구든지 들어오려는 사람이 있다면 러브의 철자를 말하도록 하라고 당부했다.

잠시 후, 남자의 아내가 천국 문 앞에 섰다.

놀란 남자가 물었다.

"아니, 어떻게 된 일이야?"

아내가 말했다.

"당신 장례식이 끝나고 돌아오는 길에 사고가 나서 죽었어."

남자가 말했다.

"그런 일이 있었구나……. 좋아, 하지만 천국에 들어가기 위해서는 한 단어의 철자를 말해야 돼."

"무슨 단어?"

남자가 대답했다.

"Czechoslovakia(체코슬로바키아)."

사랑에 빠지다

'사랑에 빠지다', 이는 이상한 표현이다.
사람들은 왜 '사랑에 오르다'라는 식으로 말하지 않는가?
아마도 사랑이 일종의 추락이자 상실이라는 것을
의식하기 때문일 것이다.
'깊은' 사랑이란 한번 빠지면 헤어나지 못하는 사랑이다.

— 베르나르 베르베르, 《웃음》에서

애도

•

한 남자가 돌아가신 어머니의 무덤에 꽃을 올려놓고 돌아가는 길이었다.

마침 그의 시선을 끄는 장면이 있었다.

한 남자가 무덤 앞에 무릎을 꿇고 있었다. 그는 아주 깊은 슬픔을 안고 눈물을 흘리며 같은 말을 탄식처럼 반복하고 있었다.

"왜 죽어야 했습니까? 왜 죽어야 했습니까?"

남자가 다가가 물었다.

"실례합니다. 방해하고 싶지는 않지만, 제가 봤던 그 어떤 슬픔 중에서도 당신이 보여 주고 있는 슬픔이 너무나 커 보여서요. 누구를 위해서 이다지도 슬프게 애도를 표하고 있는 건가요? 아이? 부모님?"

울고 있던 남자가 잠시 자신을 추스른 후 이렇게 대답했다.

.

.

.

"내 아내의 첫 번째 남편이요."

업어 줘

•

어느 날 할아버지와 할머니가 길을 가고 있는데, 할머니가 다리가 아파 왔다.

"영감, 좀 업어 줘."

"이 할망이 미쳤나! 으이구, 업혀라!!"

"고마워! 조금 무겁지?"

"당연하지. 얼굴은 철판이지, 머리는 돌이지, 간은 부었지."

잠시 뒤 할머니가 할아버지를 업어 주었다.

"그래도 생각보다 가볍지?"

그때 할머니의 결정적인 한마디.

"당연하지. 골은 비었지, 허파에 바람 들어갔지, 양심은 없지."

둘은 한동안 말이 없었다.

평안히 잠들다

•

아내와 사이가 영 좋지 않던 남자가 상(喪)을 당했다. 아내가 갑자기 세상을 떠난 것이다.

장례를 치르고 무덤 앞에서 마지막으로 예를 갖추는데, 지나가던 사람이 물었다.

"평안히 잠들게 되신 분이 누군가요?"

남자가 대답했다.

"접니다."

"네……?"

.

.

.

"이제 드디어 혼자 살게 됐거든요."

다이어트 효과?

•

한 남자가 친구에게 말했다.

"우리 집사람이 3주간 다이어트를 하는 중이야."

"그래? 얼마나 줄었어?"

.

.

.

"2주……."

두 마리 젊은 물고기가 헤엄치고 있었다.
그 곁을 지나가던 나이 든 물고기가 물어본다.

"물이 오늘 어때?"

젊은 물고기들이 고개를 갸우뚱하며
서로에게 묻는다.

"물이 뭐지?"

—데이비드 월리스, 《이것은 물이다》에서

어느 남자의 후회

•

초등학교 2학년 때였다.

나는 학교 가는 길에 천 원짜리 두 장을 주웠다. 등교시간도 빠듯하여 그냥 주워 가지고 학교로 갔다. 학교에 도착하니 교문 앞에서 어떤 여자애가 돈 2천 원을 잃어버렸다고 울고 있었다. 아마 기성회비 내라고 아버지가 주신 거였나 보다.

나는 주운 돈을 그 여자아이에게 돌려주었다. 학교를 파하고 집에 오니 그 애 아버지가 오셔서 우리 아버지에게 입에 침이 마르도록 내 칭찬을 하고 가셨다. 또한 나도 나중에 아버지에게 칭찬을 흠뻑 받았다.

그때 돈을 잃어버린 여자애가 지금, 내 '마누라'라고 부르는 여자다. 문득문득 나는 그때 일을 회상하며 흐뭇한 미소를 짓곤 한다.

그리고 지금은…….

"그때 그 2천 원을 돌려주지 말았어야 했는데."

내 인생의 가장 큰 후회다.

사탄과 노인

•

사탄이 나타나자 노인 한 사람만을 남고 모두 밖으로 나가 버렸다. 그러자 사탄은 그 노인에게로 다가갔다.

사탄 그대는 내가 무섭지 않은가?

노인 천만에!

사탄 내 말 한마디로 그대는 죽을 수도 있다.

노인 잘 알고 있지.

사탄 그대는 어찌하여 내가 무섭지 않다는 말인가?

노인 나는 그대의 누이하고 결혼해서 50년도 더 넘게 살아왔다네.

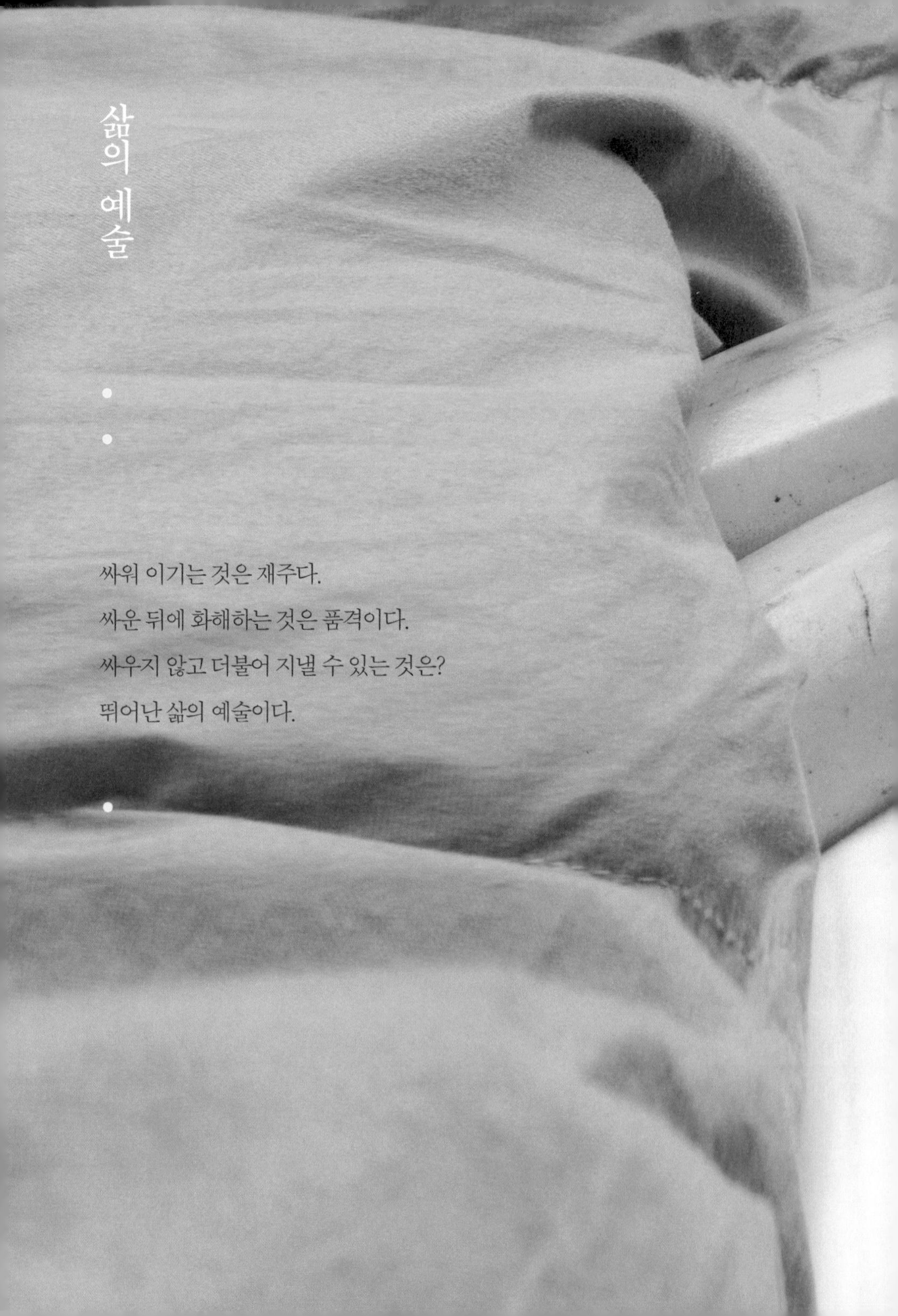

삶의 예술

싸워 이기는 것은 재주다.

싸운 뒤에 화해하는 것은 품격이다.

싸우지 않고 더불어 지낼 수 있는 것은?

뛰어난 삶의 예술이다.

장현수 作

어머니 말씀의 본을 받아

어려서 어머니 곧잘 말씀하셨다
얘야, 작은 일이 큰일이다
작은 일을 잘하지 못하면 큰일도 잘하지 못한단다
작은 일을 잘하도록 하려무나

어려서 어머니 또 말씀하셨다
얘야, 네 둘레에 있는 것들을 아끼고 사랑해라
작은 것들 버려진 것들 오래된 것들을 부디 함부로 여기지 말아라

어려서 그 말씀의 뜻을 알지 못했다
자라면서도 끝내 그 말씀을 기억하지 않았다
보다 넓은 세상으로 나아가 얼른 더 많은 사람들과 어울려 살고 싶었다

그러나 나는 하루 한 날도
평화로운 날이 없었고 행복한 날이 없었다
날마다 날마다가 다툼의 날이었고
날마다 날마다가 고통과 슬픔의 연속이었다

이제 겨우 나이 들어 알게 되었다
어머니 말씀 속에 행복이 있고
더할 수 없이 고요한 평안이 있었는데
너무나 오랫동안 그것을 잊고 살았다는 것을

그리하여 나 젊은 사람들에게 말하곤 한다
작은 일이 큰일이니 작은 일을 함부로 하지 말아라
네 주변에 있는 것들이며 사람들을 소중히 여겨라
어머니 말씀의 본을 받아 타일러 말하곤 한다

지금껏 우리는 인생을 어떻게 살아야 할 것인가보다는
무엇을 위해 살아야 하는가에 목을 매고 살았다

기를 쓰고 무엇인가를 이루려고만 애썼다
명사형 대명사형으로만 살려고 했다

보다 많이 형용사와 동사형으로 살았어야 했다
남의 것을 부러워하기보다는 내 것을 더 많이
사랑하고 아끼고 소중히 여기며 살았어야 했다
내가 얼마나 귀한 사람인가를 처음부터 알았어야 했다

당신의 행복은 어디에 있는가?
애당초 그것은 당신 안에 있었고
당신의 집에 있었고 당신의 가족, 당신의 직장 속에 있었다
이제부터 당신은 그것을 찾기만 하면 되는 일이다.

— 나태주

고쳐 쓰던 시대

●

"할머니, 어떻게 65년간이나 해로하실 수 있으셨어요?"

이에 할머니의 기막힌 대답.

.

.

.

"우린 뭔가 망가지면 고쳐 쓰던 시대에 태어났어요. 버리진 않았어요."

공수처

•

목욕탕에서 두 사람이 대화를 나누고 있다.

"자네도 공수처 잡혀 갈 몸이지?"

"뭔 소리야? 동사무소 수위도 못 해본걸."

"동사무소에 수위가 어디 있어?"

"그나저나, 공수처는 왜 생겼디여?"

"나와 자네 같은 사람 잡아 가는 곳이지 뭐긴 뭐여."

"……."

"잔머리는 잘 돌아가면서 왜 그려? 진짜 갈 때가 됐구먼그래. '공수래공수거(空手來空手去)'라 했잖아. 그래서 가는 곳이 '공수처(空手處)'란 말일세. 알겄능가?"

지하철에서

•

지하철 경로석에 앉아 있던 아가씨가 할아버지가 타는 것을 보고 눈을 감고 자는 척했다.

깐깐하게 생긴 할아버지는 아가씨의 어깨를 흔들면서 말했다.

"아가씨, 여기는 노약자와 장애인 지정석이라는 거 몰라?"

"저도 돈 내고 탔는데 왜 그러세요?"

아가씨가 신경질적으로 말하자 할아버지가 되받았다.

.

.

.

"여긴 돈 안 내고 타는 사람이 앉는 자리야."

남은 생

•

한 중년 여성이 심장마비에 걸려 수술대 위에서 찰나의 죽음을 경험했다.

저승에서 죽음의 신을 만난 그녀가 물었다.

"신이시여! 제가 죽을 때가 되었나요?"

"아니, 아직 40년은 더 남았느니라."

그 말을 듣고 그녀는 회복한 후, 얼굴 성형수술과 바스트 업 수술을 받았다. 이어 지방흡입, 복부지방 제거수술까지 전신성형을 몽땅 받았다. 아직 살아갈 날이 많이 남았다면 그 시간을 최대한 멋지게 살아 볼 생각이었다.

그런데 마지막 수술까지 마치고 퇴원하던 길에 횡단보도를 건너다 그만 차에 치여 죽고 말았다.

하도 억울해서 저승에서 죽음의 신께 따지듯이 물었다.

"아니, 제게 아직 40년의 생이 남아 있다고 하지 않았습니까? 근데 왜 달려오는 차를 막아 주지 않으셨어요!"

죽음의 신이 눈을 똥그랗게 뜨며 하는 말,

"잉…… 못 알아봤느니라~~."

세 가지 지옥

•

아주 나쁜 사람이 죽어서 심판을 받게 되었다. 베드로는 그에게 세 가지 지옥 중에 하나를 고르라고 했다.

첫 번째 지옥은 굉장히 뜨거워 보였고 사람들이 불에 타고 있었다.

다음 지옥은 매우 추워 사람들이 덜덜 떨고 있었다.

세 번째 지옥에서는 사람들이 허리까지 오는 똥통에 서 있었다. 그들은 고약한 냄새에도 불구하고 만족스러워하고 있는 표정이었다.

그 광경을 지켜본 나쁜 사람은 세 번째 지옥으로 가겠다고 자신 있게 말했다.

베드로는 그의 소원대로 그를 세 번째 지옥으로 보냈다. 비록 냄새는 고통스러웠지만 그는 뜨거운 불이나 추위보다는 낫다고 생각했다.

허리까지 차오른 똥통 속에서 그나마 위안을 찾고 숨을 돌리려고 하는 찰나, 스피커를 통해 안내방송이 울려 퍼졌다.

"자, 쉬는 시간 끝. 모두 물구나무 실시!"

한 그릇 수도사

•

어느 수도원에 밥을 한 그릇만 먹는 수도사가 있었다. 한편 끼니때마다 밥을 두 그릇이나 먹는 수도사도 있었다. 수도사의 가장 큰 덕목은 절제였기에 '두 그릇 수도사'는 '한 그릇 수도사'를 비롯한 동료 수도사들의 비난과 험담의 대상이 되었다.

세월이 흘러 밥을 두 그릇 먹던 수도사가 먼저 죽었다. 몇 년 뒤에는 한 그릇 수도사도 죽어서 하늘나라에 갔다.

한 그릇 수도사가 보니 두 그릇 수도사는 하늘나라에서 큰 대접을 받고 있었다. 그런데 자신에게는 별다른 상급이 주어지지 않았다.

마음이 불편해진 한 그릇 수도사가 하나님께 따졌다.

"하나님, 저 수도사는 세상에 살 때 절제하지도 못하고 밥을 늘 두 그릇이나 먹었는데, 왜 한 그릇 먹는 저보다 더 큰 상급을 주십니까? 이럴 수가 있는 건가요?"

하나님께서 한 그릇 수도사를 쳐다보며 말씀하시길,

"얘야, 저 수도사는 본래 밥 세 그릇이 정량이었단다. 그런데도 두 그릇만 먹느라고 무척이나 참고 절제하였지만 너는 네 정량인 한 그릇을 다 먹지 않았느냐."

천국의 노래

사랑하는 이들이여!

나는 지금 하늘에 있는 본향에 있습니다. 모든 것이 참으로 행복하고 빛나는 곳이군요. 이 영원한 빛 가운데 완전한 기쁨과 아름다움을 발견합니다.

·

모든 고통과 슬픔이 끝나고 쉼 없이 오던 고난도 다 지나갔어요. 나는 지금 영원한 평강 가운데 소망하던 나의 본향에 무사히 도착해 있습니다.

·

여러분은 아마 내가 그 죽음의 골짜기를 무사히 통과했는지 궁금하실 것입니다. 감사하게도 그리스도의 사랑이 그 모든 어둠과 두려운 곳을 비춰 주셨답니다.

·

그리고 그리스도께서 친히 그 음침한 골목에 나를 맞이하러 나오셨어요. 그분의 팔을 의지해 어떤 의심과 두려움도 느끼지 않았습니다.

사랑하는 이들이여!

결코 슬퍼하지 마세요. 왜냐하면 지금도 당신을 생각하고 사랑하고 있으니까요. 세상에 드리운 그늘을 넘어 보도록 애쓰세요. 우리 아버지 하나님의 뜻을 믿도록 기도하세요.

당신을 기다리고 있는 일이 있으니 결코 안심하지 말고 생명 있는 동안에 맡겨진 일을 힘써 하세요. 언젠가 당신도 그리스도의 땅에서 쉬게 될 것입니다.

그 일을 다 마칠 때 예수님이 온유한 음성으로 당신을 본향으로 부르실 거예요. 바로 그 만남에 들님(여러분)이 있을 때 이곳으로 오는 당신을 보며 나는 큰 기쁨을 가질 겁니다.

위의 글은 모친 故 장확실 권사(1906.6.22.~2005.8.14.)께서 기록한 글을 2020년 설을 위해 정리하던 중 발견된 것으로 함께 나눕니다. 출처를 모르며 모친 글은 아닌 것으로 보입니다. 많이 그립고 보고 싶었었는데 이 글로 큰 힘이 됩니다. 선친을 통해 예수님을 그리스도로 믿는 믿음을 유산으로 허락하신 하나님을 찬양합니다.

—유의신

끝내 못했던 마지막 이야기

story

아내에게…

저만치서 허름한 바지를 입고 엉덩이를 들썩이며 방 걸레질을 하는 아내…….

"여보, 점심 먹고 나서 베란다 청소 좀 같이 하자."

"나 점심 약속 있어."

해외출장 가 있는 친구를 팔아 한가로운 일요일, 아내와 집으로부터 탈출하려 집을 나서는데 양푼에 비빈 밥을 숟가락 가득 입에 넣고 우물거리던 아내가 나를 본다. 무릎 나온 바지에 한쪽 다리를 식탁 위에 올려놓은 모양이 영락없이 내가 제일 싫어하는 아줌마 품새다.

"언제 들어올 거야?"

"나가 봐야 알지."

시무룩해 있는 아내를 뒤로하고 밖으로 나가서, 친구들을 끌어모아 술을 마셨다. 밤 12시가 될 때까지 그렇게 노는 동안, 아내에게서 몇 번의 전화가 왔다. 받지 않고 버티다가 마침내는 배터리를 빼 버렸다.

그리고 새벽 1시쯤 난 조심조심 대문을 열고 들어왔다. 아내가 소파에 웅크리고 누워 있었다. 자나 보다 생각하고 조용히 욕실로 향하는데 힘없는 아내의 목소리가 들렸다.

"어디 갔다 이제 와?"

"어, 친구들이랑 술 한잔……. 어디 아파?"

"낮에 비빔밥 먹은 게 얹혀 약 좀 사 오라고 전화했는데……."

"아……, 배터리가 떨어졌어. 손 이리 내 봐."

여러 번 혼자 땄는지 아내의 손끝은 상처투성이였다.

"이거 왜 이래? 당신이 손 땄어?"

"어, 너무 답답해서……."

"이 사람아! 병원을 갔어야지! 왜 이렇게 미련하냐?"

나도 모르게 소리를 버럭 질렀다.

여느 때 같으면 마누라한테 미련하냐는 말이 뭐냐며 대들 만도 한데, 아내는 그럴 힘도 없는 모양이었다. 그냥 엎드린 채, 가쁜 숨을 몰아쉬기만 했다.

난 갑자기 마음이 다급해졌다. 아내를 업고 병원으로 뛰기 시작했다. 하지만 아내는 응급실 진료비가 아깝다며 이제 말짱해졌다고 애써 웃어 보이며 검사받으라는 내 권유를 물리치고 병원을 나갔다.

다음 날 출근하는데, 아내가 이번 추석 때 친정부터 가고 싶다는 말을 꺼냈다. 노발대발하실 어머니 얘기를 꺼내며 안 된다고 했더니,

"30년 동안, 그만큼 이기적으로 부려먹었으면 됐잖아. 그럼 당신은 당신 집 가, 나는 우리 집 갈 테니깐."

큰소리친 대로, 아내는 추석이 되자 짐을 몽땅 싸서 친정으로 가 버렸다. 나 혼자 고향집으로 내려가자, 어머니는 세상천지에 며느리가 이러는 법은 없다고 호통을 치셨다. 결혼하고 처음, 아내가 없는 명절을 보냈다.

집으로 돌아오자 아내는 태연하게 책을 보고 있었다. 여유롭게 클래식 음악까지 틀어 놓고 말이다.

"당신 지금 제정신이야?"

"……여보, 만약 내가 지금 없어져도, 당신도 애들도 어머님도 사는데 아무 지장 없을 거야. 나 명절 때 친정에 가 있었던 거 아니야. 병원에 입원해서 정밀검사 받았어. 당신이 한번 전화만 해봤어도 금방 알 수 있었을 거야. 당신이 그렇게 해주길 바랐어."

아내의 병은 가벼운 위염이 아니었던 것이다.

난 의사의 입을 멍하게 바라보았다.

'저 사람이 지금 뭐라고 말하고 있는 건가? 아내가 위암이라고? 전이될 대로 전이가 돼서, 더 이상 손을 쓸 수가 없다고? 3개월 정도 시간이 있다고……? 지금, 그렇게 말하고 있지 않은가.'

아내와 함께 병원을 나왔다. 유난히 가을 햇살이 눈부시게 맑았다.

집까지 오는 동안 서로에게 한마디도 할 수가 없었다. 엘리베이터에 탄 아내를 보며, 앞으로 나 혼자 이 엘리베이터를 타고 집에 돌아가야 한다면 어떨까를 생각했다. 문을 열었을 때 펑퍼짐한 바지를 입은 아내가 없다면, 방 걸레질을 하는 아내가 없다면, 양푼에 밥을 비벼 먹는 아내가 없다면, 술 좀 그만 마시라고 잔소리해 주는 아내가 없다면, 나는 어떡해야 할까…….

아내는 함께 아이들을 보러 가자고 했다. 아이들에게는 아무 말도 말아 달라는 부탁과 함께. 서울에서 공부하고 있는 아이들은, 갑자기 찾아온 부모가 그리 반갑지만은 않은 모양이었다. 하지만 아내는 살갑지도 않은 아이들의 손을 잡고 공부에 관해, 건강에 관해, 수없이 해온 말들을 하고 있다. 아이들의 표정에 짜증이 가득한데도, 아내는 그런 아이들의 얼굴을 사랑스럽게 바라보고만 있다. 난 더 이상 그 얼굴을 보고 있을 수 없어서 밖으로 나왔다.

"여보, 집에 내려가기 전에…… 어디 코스모스 많이 피어 있는 데 들렀다 갈까?"

"코스모스?"

"그냥…… 그러고 싶네. 꽃 많이 피어 있는 데 가서, 꽃도 보고, 당신이랑 걷기도 하고……."

아내는 얼마 남지 않은 시간에 이런 걸 해보고 싶었나 보다. 비싼 걸 먹고, 비싼 걸 입어 보는 대신, 그냥 아이들 얼굴을 보고, 꽃이 피어 있는 길을 나와 함께 걷고…….

"당신, 바쁘면 그냥 가고……."

"아니야, 가자."

코스모스가 들판 가득 피어 있는 곳으로 왔다. 아내에게 조금 두꺼운 스웨터를 입히고 천천히 걷기 시작했다.

"여보, 나 당신한테 할 말 있어."

"뭔데?"

"우리 적금, 올 말에 타는 거 말고, 또 있어. 3년 부은 거야. 통장, 싱크대 두 번째 서랍 안에 있어. 그리고…… 나 생명보험도 들었거든. 재작년에 친구가 하도 들라고 해서 들었는데, 잘했지, 뭐. 그거 꼭 확인해 보고……."

"당신 정말…… 왜 그래?"

"그리고 부탁 하나만 할게. 올해 적금 타면, 우리 엄마 한 200만 원만 드려. 엄마 이가 안 좋으신데, 틀니 하셔야 되거든. 당신도 알다시피, 우리 오빠가 능력이 안 되잖아. 부탁해."

난 그 자리에 주저앉아 울고 말았다. 아내가 당황스러워하는 걸 알면서도, 소리 내어…… 엉엉…… 눈물을 흘리며 울고 말았다. 이런 아내를 떠나보내고…… 어떻게 살아갈까…….

아내와 침대에 나란히 누웠다. 아내가 내 손을 잡는다. 요즘 들어 아내는 내 손을 잡는 걸 좋아한다.

"여보, 30년 전에 당신이 프러포즈하면서 했던 말 생각나?"

"내가 뭐라 그랬는데……?"

"사랑한다 어쩐다 그런 말, 닭살맞아서 질색이라 그랬잖아?"

"그랬나?"

"그 전에도 그 후로도, 당신이 나보고 '사랑한다' 그런 적 한 번도 없는데, 그거 알지? 어쩔 땐 그런 소리 듣고 싶기도 하더라."

아내는 금방 잠이 들었다. 그런 아내의 얼굴을 바라보다가, 나도 깜박 잠이 들었다. 일어나니 커튼이 젖혀진 창문으로, 아침 햇살이 쏟아져 들어오고 있었다.

"여보! 우리 오늘 장모님 뵈러 갈까?"

"장모님 틀니…… 연말까지 미룰 거 없이, 오늘 가서 해 드리자."

"…………."

"여보……, 장모님이 나 가면, 좋아하실 텐데……. 여보, 안 일어나면, 안 간다! 여보?! …… 여보!? ……"

좋아하며 일어나야 할 아내가 꿈쩍도 하지 않는다. 난 떨리는 손으로 아내를 흔들었다.

이제 아내는 웃지도, 기뻐하지도, 잔소리하지도 않을 것이다. 난 아내 위로 무너지며 속삭였다.

사랑한다고……. 어젯밤…… 이 얘기를 해주지 못해 미안하다고…….

#어느 60대 노부부 이야기

골 때리는 이야기

•
•
•

죽음이
말을
걸어오다_

Ⅳ

장자와 해골

장자는 삶과 죽음의 이야기를 우화로 풀어 낸다. 장자가 길을 가다가 굴러다니는 해골을 만났다. 장자가 묻는다.

"그대는 삶의 욕망을 지나치게 추구하다가 도리를 잃어 이렇게 되었는가? 아니면 나라가 망해서 죽었거나 형벌에 처하여져 이렇게 된 것인가? 또는 좋지 못한 짓을 저지르고 부모나 처자 볼 면목이 없어 스스로 목숨을 끊었는가? 그것도 아니면 추위와 배고픔에 떨다가 이렇게 되고 말았는가? 이도 저도 아니면 그저 수명이 다하여 죽은 것인가?"

그러자 해골이 대답한다.

"그대가 말한 것은 모두 산 사람의 걱정거리일 뿐, 죽음의 세계에서는 그런 것이 없다. 제왕의 즐거움도 죽은 자의 그것과는 비교할 수 없다."

— 박희채, 《장자의 생명적 사유》에서

독일 괴팅겐 시청 내부 벽화. 한 사람이 해골을 들고 응시하고 있다. 자신의 해골이다. 그 위에 'Ars longa vita brevis(예술은 길다. 인생은 짧다.)'라고 적힌 문구가 휘날리고 있다.

장자가 해골에게 다시 묻는다. "만약 생명을 관장하는 신에게 부탁하여 다시 한번 살과 피를 주어 살아나게 해준다면 어떻게 하겠느냐?" 해골은 눈살을 찌푸리며 말한다. "이 지극한 행복을 버리고 인간의 괴로움을 다시 겪겠는가? 산 것이 죽은 것만 못한걸."

이런 것을 일러 '골 때린다'고 하는 것일까?

가장 선한 일

•

한 남자가 죽어서 심판을 받게 되었다.

천사가 말했다.

"신을 만나기 전에 먼저 말해 드리는 게 나을 것 같습니다. 우리가 당신의 삶을 쭉 돌아봤는데, 당신은 엄청나게 선한 일이나 엄청나게 나쁜 일을 한 것이 딱히 없군요. 솔직히 말하면 당신을 두고 어떻게 해야 할지 모르겠습니다. 우리가 올바른 판단을 할 수 있도록 당신에 대해서 좀 더 말해 주세요."

죽은 남자는 생각을 하더니 이렇게 대답했다.

"제가 차를 타고 가고 있었는데, 깡패들에게 괴롭힘을 당하는 사람을 봤습니다. 그래서 차를 멈춘 후 내려서 트렁크에 있던 야구 방망이를 꺼내어 깡패들의 두목에게 다가갔죠. 엄청 크고 근육질에다가 입술에 피어싱을 한 사람이었어요. 어쨌든 저는 그놈의 입술 피어싱을 뜯어낸 다음에 이렇게 말했죠. '이 사람을 괴롭히는 걸 멈추지 않으면 나한테 죽을 줄 알아라!'"

천사가 말했다.

“와우, 엄청나게 선한 일을 하셨군요. 이게 언제 일어난 일이죠?”

남자가 대답했다.

“3분 전에요.”

변호사

•

이혼 전문 변호사가 죽어서 심판을 받게 되었다.

베드로가 그에게 물었다.

"당신이 천국에 들어갈 만한 행동을 한 게 있다면 지금 말하시오."

변호사가 생각해 보더니 이렇게 말했다.

"1주 전에 거지에게 바지 주머니의 잔돈 600원을 몽땅 털어 준 일이 있습니다."

베드로는 대천사 가브리엘에게 기록을 확인해 보라고 했다. 가브리엘은 그게 진실이라는 것을 확인해 주었다.

베드로가 말했다.

"맞기는 한데, 천국에 들어갈 만한 행동으로는 충분하지 않은 것 같은데?"

변호사가 재빨리 대답했다. 변호사다운 순발력이었다.

"잠시만요! 더 있어요. 3년 전에 거지에게 천 원짜리 지폐도 준 적이 있습니다."

베드로는 고개를 끄덕이며 다시 가브리엘에게 확인을 부탁했고, 곧 진실임이 확인되었다.

조금 난처해진 베드로가 가브리엘에게 되물었다.

"이 인간을 어떻게 하면 좋을까?"

.

.

.

"그냥 1600원을 10원짜리 160개로 돌려주고 지옥으로 보냅시다."

현금과 수표

어느 부유한 유대인이 죽을 때가 다 되었다.

그는 자선을 하고 싶어서 아들과 상의했다. 그리고 어떻게든 천당에 가고 싶어서 천주교 신부, 개신교 목사, 유대교 랍비에게 각각 3만 불씩을 기부(자선)하기로 결정했다.

그러다가 그는 천당에 가서도 돈이 필요할 것이라는 생각이 들었다. 그래서 자기가 죽고 난 뒤에 그 관 안에 그들이 받은 돈에서 각각 1만 불씩만 다시 기부(자선)해 주도록 요구했다.

그가 죽고 나서 과연 신부는 기부금을 받고 그중의 1만 불을 관 안에 넣었다.

목사도 와서 또 그렇게 했다.

그런데 랍비는 전혀 엉뚱하게 행동했다.

그는 두 사람이 다녀간 뒤에 관 속에 있는 2만 불을 자기 주머니 안에 집어넣었다. 그리고 그 주머니 안에서 수표책을 꺼내더니 3만 불이라고 쓴 수표를 써서 관 안에 놓고 사라졌다.

네 시선

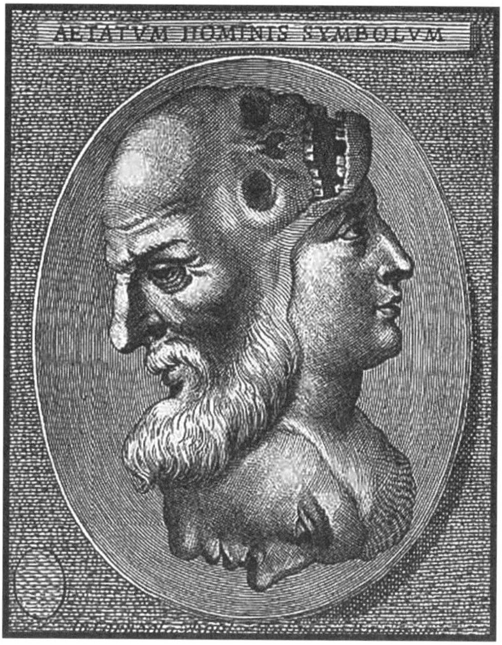

청년기-장년기-노년기-해골기의 인생살이

청년은 앞을 바라본다.
장년은 땅을 노려본다.
노년은 안을 들여다본다.
해골은 하늘만 쳐다본다.

최후의 심판

미켈란젤로 부오나로티 〈최후의 심판(1534~1541)〉 촬영: 이영렬

미켈란젤로는 당시 타락한 가톨릭 성직자들을 향한 경고의 메시지를 그림에 녹여 냈다. 천국의 책보다 더 크고 더 두꺼운 지옥의 책을 통해 '천국으로 들어가기 어렵다'는 뜻을, 뱀이 몸을 칭칭 감은 지옥의 왕 미노스의 얼굴에 당시 추기경인 비아지오 다 체세나(Biagio da Cesena) 추기경을 그려 넣어 '누구도 예수 그리스도의 심판을 피해 갈 수 없다'는 의도를 그림을 통해 말하고 있다.

같은 죽음

•

아주 오래전의 이야기다.

한 늙은 목사가 임종을 바라보고 있었다. 목사는 그의 교회 성도인 세무공무원 한 사람과 변호사 한 사람을 자기에게 와 달라고 전갈을 보냈다.

그들이 도착하여 목사에게 안내되었다. 목사는 두 사람을 보고 앉으라고 했다.

목사는 두 사람의 손을 꼭 잡고 만족의 미소를 지으면서 가쁜 숨을 내쉬며 천장을 바라보았다.

시간이 흘렀다. 그러나 그 누구도 아무런 말을 하지 않았다.

세무공무원과 변호사는 내심 목사님이 자신의 최후 임종을 맞는 데 자기들을 불러 준 것에 대해 약간의 감동을 받고 있었다. 한편으로는 목사님이 평소 두 사람에게 별로 애착을 보여 준 적이 없었는데, 임종에 앞서 왜 불렀는지 내심 고개를 갸우뚱하고도 있었다.

결국 변호사가 입을 열었다.

"목사님, 어찌 우리 두 사람을 불렀습니까?"

그러자 목사님은 간신히 힘을 모아 나지막하게 대답했다.

.

.

.

"예수님이 두 도둑 사이에서 죽어 가셨지요. 그래서 나도 그렇게 가고 싶어서……."

천당과 지옥

•

악마가 천사에게 와서 말했다.

"어이, 우리 지옥 식구들과 너희 천당 친구들이 서로 편먹고 축구 한 게임 하자구!"

그러자 천사가 한참을 생각하고는 말했다.

"좋아, 하지만 우리가 이길걸. 전 세계 슈퍼스타는 다 천당에 있잖아?"

.

.

.

"낄낄낄, 과연 그럴까? 악질 심판은 다 지옥에 있거든?"

셀프 서비스

●

교회의 한 장로가 죽어서 천국에 가게 되었다.

천국에 가서 보니 집사가 천국에서 진수성찬에 아주 후한 대접을 받고 있었다.

장로는 혼자서 생각했다.

"그래, 집사도 천국에서 저렇게 잘 대접받는데 장로인 나는 얼마나 대접을 잘 받을까?"

하지만 아무리 시간이 지나도 자기에게 와서 음식을 대접하는 사람이 없었다.

장로는 천사 한 명을 불러 따지기 시작했다.

"왜 나에겐 대접을 안 하는 거요?"

그러자 천사가 하는 말,

"장로님은 셀프 서비스입니다."

장로는 화를 꾹 참고 있다가 얼마 전에 자기보다 먼저 죽은 목사님 한 분이 생각이 났다. 장로는 천사에게 그 목사님에 대해 물어보았다.

천사가 하는 말?

.

.

.

"목사님은 아마 배달 중일걸요."

돈과 행복

•

아주 부유한 사람이 죽어 가고 있었다. 그는 임종 시간에 내가 곁에 있기를 원했다. 그래서 나는 그곳으로 갔다. 마지막 순간에 그가 눈을 뜨고 아들에게 말했다. 그 말은 평소에 마음에 담아 두고 있던 말이었으며, 내게는 이미 수차례 했던 말이었다.

그는 자신의 아들을 염려하고 있었다. 그의 아들은 돈을 헤프게 쓰는 인물로 물질적인 것을 너무 좋아했다. 그런데 이 노인은 종교적인 사람이었다. 그가 아들에게 마지막 유언을 남겼다.

"잘 들어라. 돈이 전부는 아니다. 돈으로 모든 것을 살 수는 없다. 돈으로 살 수 없는 것이 있다는 것을 명심해라. 인간이 돈만으로 행복해지는 것은 아니다."

아들이 말했다.

"아버지 말씀이 맞을지도 모릅니다. 하지만 돈이 있으면 자신이 좋아하는 불행을 선택할 수 있지요."

—오쇼 라즈니쉬/ 틸로빠, '마하무드라의 노래' 강의

(Tantra, The Supreme Understanding)

돈에 대한 생각, 돈돈돈

"돈을 가지면 악마의 시중도 받을 수 있다."

"돈은 귀신에게 맷돌을 갈게 한다."

"돈으로 열리지 않는 문은 없다."

"의사의 잘못은 흙이, 부자의 잘못은 돈이 덮어 준다."

"지옥으로 굴러떨어져도 돈만 있으면 살아 나온다."

"돈이 없으면 적막강산이요, 돈이 있으면 금수강산이다."

"인간은 금화를 먹고 사는 돼지다. 금화만 던져 주면 마음대로 주무를 수 있다."

"하나님이 말씀으로 세상을 창조했다. 악마는 돈을 통해 세상의 모든 것을 만들어 냈다."

"돈이 있으면 날개가 없어도 날 수 있고 발이 없어도 달릴 수 있다."

"나는 인간이 다른 동물과 다른 것이 무엇인지 마침내 깨달았다. 그것은 돈 걱정이다."

"오직 선한 의도만을 가졌더라면 선한 사마리아인을 아무도 기억하지 않을 것이다. 그에게는 돈이 있었다."

최악에 대비하지 않는 사람은
앉아서 최악을 기다리는
사람이다.

죽음을 준비하지 않는 사람은
가만히 죽음을
당하는 사람이다.

누가 예수를 죽였는가?

어느 고난주간의 토요일 아침이었다. 자신의 교회 주보를 들여다보던 목사는 깜짝 놀라고 말았다. 자신의 주일 설교 제목 "누가 예수를 죽였는가?" 아래 쓰인 이름 때문이었다.
'윌리엄 쿠퍼(Willam Cowper)'
설교 제목 밑에 새겨지던 설교자의 이름.
그런데 예수를 죽인 자가 자기 자신이라니…….

그는 자유주의 신학의 영향 아래 십자가 사건을 믿지 못한 채 목사가 되었다. 순간, 자신의 죄를 돌아보게 되었다. 그리고 통곡하기 시작한다.
"예수를 죽인 게 나였다니……."

노아의 방주

●

노아의 방주에 오르려고 줄을 서서 한참 기다리다 지친 벼룩이 한 동물에서 다른 동물로 건너뛰며 점점 앞으로 나아갔다.

통통 튀다 보니 마침내 코끼리 등 위에 올라타게 되었다.

그러자 코끼리가 신경질적으로 자기 짝에게 말했다.

.

.

.

"아니, 왜 이렇게 밀고 야단이야?"

천사 아내

남자 1 (아주 자랑스럽게) 내 아내는 천사야!

남자 2 좋겠네, 내 와이프는 아직 살아 있는데…….

너무 뜨거워

●

정신병원에 불이 났다.

미쳐서 입원한 환자가 탈출할 생각은 하지 않고 의사에게 하는 말,

·

·

·

"아, 뜨거워 미치겠네. 아저씨도 그래?"

먼저 가시죠

•

신부님이 사형수에게 말했다.

"이제 당신은 오늘 저녁 주님과 만찬을 같이할 것입니다."

.

.

.

"신부님 먼저 가시죠. 나는 지금 단식 중이거든요."

의사 말 들어야지

•

평소 할머니 속을 썩였던 할아버지가 있었다. 할머니는 늘 속으로 '죽기만 해봐라.' 하며 기회를 노렸다.

어느 날, 외출을 했는데 병원 응급실에서 급하게 연락이 왔다. 앰뷸런스에 실려 온 할아버지가 끝내 돌아가셨다고 했다.

한걸음에 달려온 할머니, 막상 웬수 같던 할아버지가 죽었다는 소식에 어안이 벙벙해진다. 흐느끼며 시트 속의 할아버지 손을 붙잡는다.

다행스럽게도 할아버지는 아직 숨이 끊기지 않은 상태였다. 할머니 손을 있는 힘을 다해 잡아 보지만 악력(握力)은 없었다.

움칠거리는 할아버지 손을 확인한 순간, 할머니는 손을 뿌리치며 소리를 질렀다.

"의사가 죽었다고 했잖아!"

이번에는 담당직원이 다가와 영안실로 가야 한다고 말했다. 할머니는 말없이 따랐다.

할아버지는 미칠 것만 같았다.

직원이 마지막 작별인사를 하라며 자리를 비켜 주었다. 할머니는 그래도 사람들의 이목(耳目)이 있는지라 또다시 손을 잡고 '흑흑'거렸다.

이제 더 이상 기회는 없었다. 할아버지가 젖 먹던 힘까지 짜내어 할머니 손을 또 한 번 움켜쥐었다.

이번에는 놀라지도 않는 할머니가 일갈(一喝)했다.

"병원 규칙이라잖아!"

뇌파람의 세상

•

웃으면 이미 천국, 못 웃으면 이미 지옥(?)

1. 아빠가 두 명, 엄마가 한 명이면?
2. 불이 네 곳에 나면?
3. 침대를 밀고 돌리면?
4. 형제가 싸울 때 동생 편만 드는 곳은?
5. '나는 자전거를 못 탄다'를 영어로 하면?
6. 오리를 생으로 먹으면?
7. 흑인이 시험을 보면?
8. 얼음이 죽으면?
9. 정삼각형의 동생 이름은?
10. 신발이 화가 나면?
11. 불이 죽으면?

정답 (1)두부 한 모 (2)사파이어 (3)배드민턴 (4)형편없는 곳 (5)모타싸이클 (6)회오리 (7)검정고시 (8)다이빙 (9)정삼각 (10)신발끈 (11)사파이어

몇 개나 맞혔나요?
이렇게 하다 보면 뇌파람이 일어나 나른한 오후가 벌떡 일어서게 됩니다!

인플레이션과 불경기

•

회계사 아내가 남편에게 묻는다.

"인플레이션이 뭐예요?"

"예전에 당신 몸매는 36-24-36이었는데 지금은 48-40-48이 되었지. 당신의 모든 것이 전보다 커졌는데 당신의 가치는 옛날보다 떨어졌어. 이게 바로 인플레이션이야."

교수와 학생의 경제학 수업.

교수가 묻는다.

"불경기가 무엇이죠?"

"'와인을 예쁜 여인과 함께 마시기'가 '맹물을 아내와 함께 마시기'로 바뀌는 인생의 어려운 시기가 바로 불경기입니다."

간지럼

•

사형수가 집행자에게 한 말.

.

.

.

"나의 목에 손대지 마세요. 나는 간지럼을 많이 타기 때문에 목에 손을 대면 웃음이 나와서요."

119

•

친구 둘이서 사냥을 나갔다. 그런데 친구 한 명이 갑작스럽게 쓰러지더니 숨을 쉬는 것 같지가 않았다.

그는 놀라서 핸드폰을 꺼내어 119에 전화를 걸었다.

다급한 목소리로,

"내 친구가 갑자기 쓰러져서 죽은 것 같아요! 어떻게 해야 되나요?"

119가 차분한 목소리로 이렇게 지시했다.

"진정하세요. 제가 도와 드리겠습니다. 먼저 친구분이 죽은 게 맞는지 확인부터 하세요."

잠시 정적이 흐른 후 총소리가 들리고, 친구가 다시 전화기를 들었다.

"진짜 죽었어요. 이제 어떻게 하나요?"

죽음을 성찰하는 아티스트

영국의 예술가 데미안 허스트. 젊은 영국 아티스트(yBa, young British artists)로 불리는, 영국 현대미술의 부활을 이끈 주인공이다. 죽음에 대한 성찰을 담고 있는 그의 작품은 충격적인 이미지와 엽기성으로 논란의 대상이 됨과 동시에 예술과 상품의 경계를 넘나들며 연일 미술 시장을 뜨겁게 달구고 있다.

— 데미안 허스트(Damien Hirst) 作

지난번 선물

•

사위의 장모 사랑이 지극했다. 재력이 탄탄한 사위는 장모님께 아름다운 수목장까지 미리 예약해 드렸다. 장모는 그런 사위를 무척이나 자랑스러워했다.

장모의 생신이 다가왔다. 장모는 이번에도 기대를 했다.

그런데 어~라, 아무 내색이 없다.

'벌써 허니문이 끝난 건가? 아님 둘이 싸우기라도 했나?' 걱정스러웠다.

견디다 못한 장모가 사위에게 한마디 건넨다.

"자네, 오늘이 내 생일인데 알고는 있겠지?"

"그럼요."

장모가 더듬거리며 입을 뗀다.

"그런데…… 왜…… 빈손인감?"

장모의 말이 떨어지자마자 사위가 한마디한다.

"장모님, 지난번 선물도 아직 안 쓰고 계시잖아요."

증명

•

"의사 선생님, 영 마음이 놓이지 않아요. 선생님의 진단이 다른 선생님의 진단과 일치하지 않거든요."

"그렇겠죠. 처음 있는 일이 아닙니다. 의사마다 진단이 다를 수 있어요."

"그럼 선생님의 말을 어떻게 증명할 수 있죠?"

.

.

.

"아마도 부검을 해보면 제가 옳았다는 사실이 입증될 겁니다."

죽지 못해 살고, 살지 못해 죽고

•

서영춘이 입원해 있는 병실을 후배들이 찾아와 인사를 한다.

서영춘이 안부를 물었다.

"어떻게들 사냐?"

"죽지 못해 삽니다."

후배의 말에 서영춘이 하는 말,

.

.

.

"야, 이놈아, 나는 살지 못해 죽는다."

안과 밖

•

한 미치광이가 정신병원 담장에 기어 올라가더니 호기심 어린 눈으로 행인들을 살피다가 한 남자를 불러 물었다.

.

.

.

"이봐요, 그 안에 사람들이 많아요?"

낙지의 죽음

한 번도 죽음을 본 일이 없었기에, 죽으면 어떻게 해야 하는지 알지 못했기에, 죽음은 접시 위에서 살아 있을 때보다 더 격렬하게 꿈지럭거렸다. 죽으면 꼼짝 않고 있어야 한다는 걸 몰랐기에 제 힘과 독기를 모두 모아 거친 물굽이처럼 요동쳤다. 어찌나 심각하게 꿈틀거리던지 자칫하면 죽음이 취소될 수도 있을 것 같았다. 죽음엔 눈과 팔다리가 달려 있지 않았기에 방향도 없이 앞으로만 기어가다 저희들끼리 마구 엉켰다.

흰 접시는 마치 제가 죽기라도 한 것처럼 동그라미 안에서 빨판들을 물방울처럼 튀기며 거칠게 파도쳤다. 그러나 죽음이 달아나기엔 접시의 반경이 너무 짧았고 모든 길은 오직 우스꽝스러운 꿈틀거림으로만 열려 있었다. 토막 난 다리와 빨판들은 한 마리의 통일된 죽음이기를 포기하고 한 도막 한 도막이 독립된 삶이 되어 접시 밖으로 무작정 나가려 했고, 씹는 이빨 틈에 치석처럼 달라붙어 떨어지려 하지 않았다.

씹을 때마다 용수철처럼 경쾌하게 이빨을 튕겨내는 탄력. 꿈틀거림과 짓이겨짐 사이에 살아 있는 죽음과 죽어 있는 삶이 샌드위치처럼 겹겹이 층을 이루고 있는 탄력. 한 번에 다 죽지 않고 여러 번 촘촘하게 나누어진 죽음의 푹신푹신한 탄력. 다 짓이겨지고 나도 꿈틀거림의 울림이 여전히 턱관절에 남아 있는 탄력. 목 없고 눈 없고 손 없는 죽음이 터무니없이 억울할수록 이빨은 더욱 쫄깃쫄깃한 탄력을 받고 있었다.

— 김기택 시집 《껌》(창작과비평사, 2009)에서

어이, 허준

•

허준은 너무도 강직했기에 모함을 받아 어의가 될 수 없었다.

그런 허준이 어의가 된 사연이 있었으니, 이것을 조선왕조실록에서는 '어의 사건'이라고 부른다.

하루는 허준이 급히 혜민서로 달려가고 있었는데 마침 궁내를 거닐던 선조와 대신들이 허준을 발견했다. 평소 허준에 대해 호감을 가지고 있던 선조.

선조 "이보게, 허준. 어디 가나."

허준 (묵묵부답인 채 제 갈 길만 간다.)

허준은 한 곳에 집중하면 못 듣는 습관이 있었다. 그래서 선조는 더 큰 목소리로 이렇게 불렀다.

선조 “어이~허준!”

이때 옆에 있던 신하들 왈,

“허준을 어의로 임명하랍신다.”

.

.

.

이래서 허준은 어의가 된 것이라고 한다.

여자친구는 누구?

•

"엄마, 내가 새로 사귄 여자친구를 소개해 드릴게요. 다른 여자애들 6명과 함께 데려올 테니 그중에서 누가 내 여자친구인지 알아맞혀 보세요. 엄마의 능력을 한번 보겠어요."

어머니는 집에 온 일곱 아가씨에게 갓 구운 과자를 대접했다.

손님들이 떠난 뒤 아들이 불안한 표정으로 묻는다.

"어때요, 엄마가 보기엔 누가 내 여자친구 같아요?"

"빨간 드레스 입었던 애."

"와, 우리 엄마 족집게네. 어떻게 알아맞힌 거예요?"

.

.

.

"내 맘에 안 드는 애가 그 애뿐이었거든."

습작

•

왜 하나님은 남자를 먼저 창조하시고 여자를 나중에 만드셨을까?

·

·

·

당신의 '걸작'을 완성하시기 전에 '습작'이 필요했었다.

(그렇다면 이생의 삶도 습작?)

믿고 보는
추천사 02

껄껄껄, 죽은 자의 말

'죽음과 유머'.

어울리지 않는 조합이라고 생각하겠지만 가장 품격 있는 댄스 파트너다. 죽음에 가까울수록 우리는 유머를 잃지 말아야 한다.

누구나 죽음을 맞이하지만 누구도 죽음을 위해 준비하지 않는다. 정말이다. 왜냐하면 자신이 죽을 거란 상상을 하지 않으니까. 현명한 몇몇 사람들만이 죽음을 차분히 준비한다.

"난 우리 할머니처럼 죽고 싶어요."
"어떻게 돌아가셨는데?"
"조용히 주무시다가 가셨어요. 다른 할머니 친구들은 소리 지르고 난리치고……. 그런데 할머니는 조용히 가셨어요."
"침대에서?"
"아뇨, 운전하시다가요."

이런 조크를 듣다 보면 살며시 미소를 지으며 공포스런 죽음을 잠시 잊게 된다. 어차피 맞이할 죽음이라면 유머를 통해 받아들일 용기를 가져야 하지 않을까?

유머와 친숙한 서구인들은 죽는 순간에도 웃음을 잃지 않는다고 한다. 장례식의 추도사를 통해 고인과의 추억을 웃음으로 승화한다. 미국의 한 코미디언은 자신의 장례식장에서 미리 촬영한 영상을 통해 친구들에게 큰 웃음을 선사하기도 했다.

버나드 쇼는 유명한 묘비명을 통해 보는 이로 하여금 미소 짓게 하였다.

"I knew if I stayed around long enough, something like this would happen."

"우물쭈물하다가 내 이럴 줄 알았다."라고 한 광고에서 소개했지만 "오래 살다 보면 이런 일(죽음)이 일어날 줄 알았지."이다.

말하는 걸 배우는 데는 2년이 걸리지만 말 안 하는 걸 배우는 데는 평생이 걸린다. 그런데 죽고 난 다음에도 꼭 남기고 싶은 말이 많을 것 같다. 만약 죽은 자들의 말을 들을 수 있다면 모두 이런 말이 아닐까? "껄껄껄."

"조금만 더 양보할걸……."

"내가 그냥 참을걸……."

"그날 거기에 가질 말걸……."

"더 많이 사랑할걸……."

"조금 더 많이 웃어 줄걸……."

이번에 송길원 목사님이 죽음과 유머에 관한 책을 쓰셨다고 해서 정말 반가운 맘에 축하의 메시지를 보내드립니다. 그리고 질투의 맘도 드네요.

"내가 먼저 쓸걸……."

— 신상훈 (방송작가)

I'm Fine.
Thank you.

암 파인

땡큐

•

•

•

아리
아리랑
아라리가
나았네＿

V

아리랑 쓰리랑

•

"아리아리랑~ 쓰리쓰리랑~ 아라리가 났네~~. 응응응~ 아라리가 났네~~."

진도아리랑은 이렇게 시작된다. 팔도 아리랑 가운데 강원도 정선아리랑, 밀양아리랑과 더불어 3대 아리랑으로 불린다.

민요의 가락과 가사에는 우리 민족의 한(恨)이 서려 있다. '아리랑(아이고 아려)~! 쓰리랑(아이고 쓰려)~! 아라리(앓앓이병)가 났네'의 뜻이다. '응응응'은 신음소리다. '아라리'는 '병을 앓다'에서 파생된 '앓앓이병'이다.

마음이 무너져 내린다. 처절한 아픔이 밀려온다. 인생의 쓴맛을 맛보는 순간 '아리고 쓰리다'고 한다. 아픈 것보다 '더 넓게' 아픈 것을 아리다고 한다. 쓰리다는 건 아픈 것보다 '더 깊이' 아픈 것을 이른다. 아프고 아프다는 뜻이다.

민요의 가사는 계속된다.

"청천하늘엔 잔별도 많고~ 우리네 가슴속엔 희망도 많다~~. 아리아리랑~ 쓰리쓰리랑~ 아라리가 났네~~."

아픔을 희롱(戱弄)한다. '응응응~' 아이가 '응~'아 하며 배설할 때 토해내듯 쏟고 쏟아 낸다. 그 끝이 뭔가? '아라리가 났네(나았네).'

이 정도면 아픔인들 어쩔 것인가? 놓아 줄 수밖에…….

한(恨)과 서러움의 눈물을 노래와 춤으로 승화시킨 치유의 유전자, 우리 민족의 고유한 유산이 맞다.

— 소현

#진도아리랑

"죽는 걸 왜 걱정해?
살아 있는 동안엔 죽지 않을 텐데."

죽음이 전하는 가장 아름다운 말

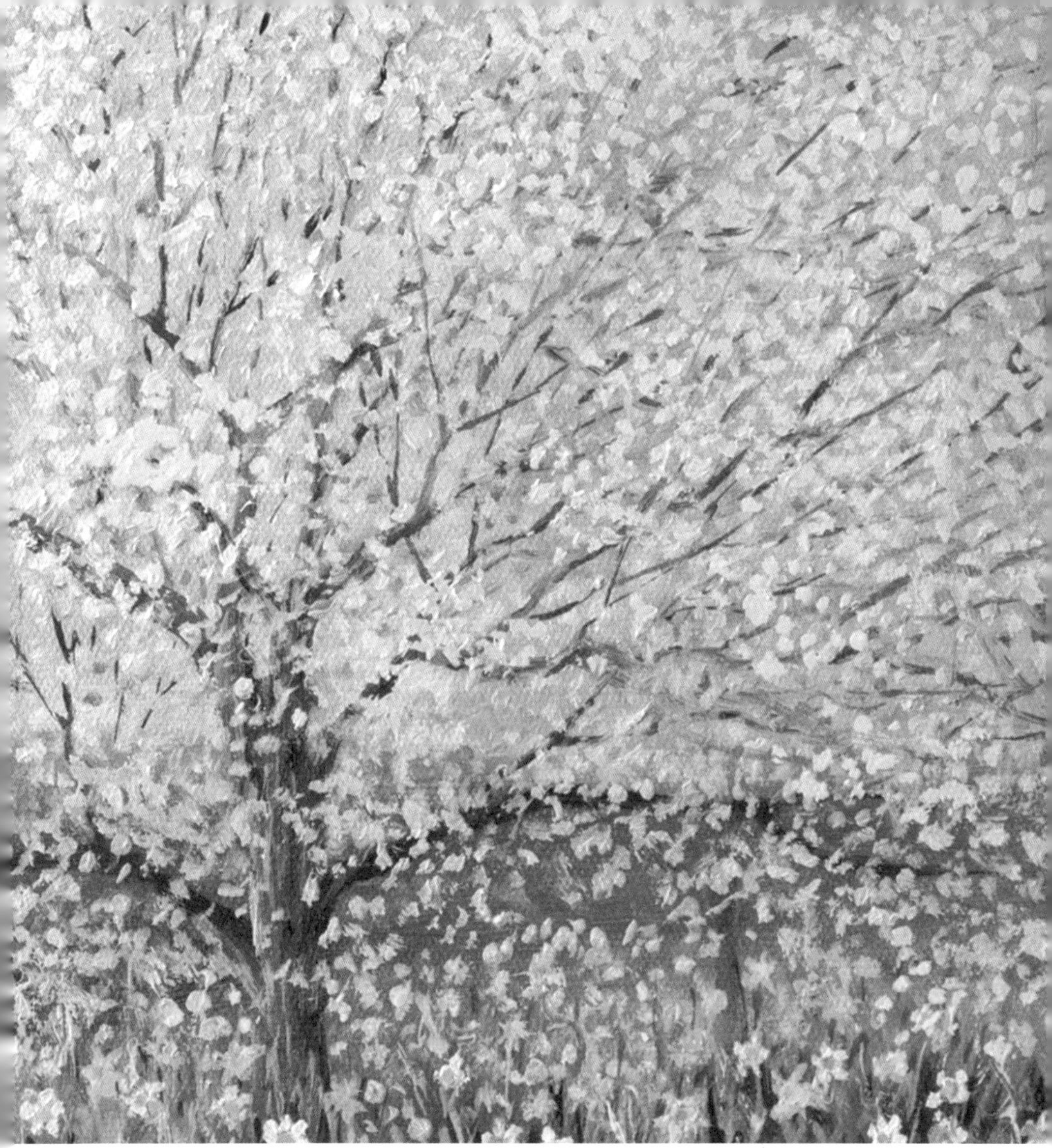

신과 인간

•

2154년 어느 날, 지구의 과학자들이 모여 토론을 했다. 그들은 이제 인간이 모든 일을 할 수 있게 되었고, 인간에게 신은 더 이상 필요 없다고 결정을 내렸다.

과학자 대표가 신에게 가서 말했다.

"신이여, 이제 우리는 당신이 필요 없다고 결정했소. 우린 인간을 복제할 수 있고, 생명을 창조할 수도 있게 되었소. 이제 인간에게 떠나서 다른 데 가서 사는 게 어떻겠소?"

신은 과학자의 말을 주의 깊고 예의 바르게 듣다가 이렇게 대답했다.

"좋다. 그럼 내가 한 가지 제안을 하지. 우리 함께 인간을 만드는 경기를 하면 어떻겠나?"

"좋습니다!"

"그럼 이렇게 하지. 내가 태초에 아담을 창조했을 때와 똑같이 한번 해 보게나."

"문제 없죠!"

과학자는 자신 있게 대답하고 흙덩이를 집어 들었다.

그러자 신이 말했다.

.

.

.

"아니지, 내 흙 말고 너희 흙으로 해!"

스님들의 축구 경기

•

무더운 여름날, 스님들끼리 축구 경기를 했다.

헤딩을 한다고 뛰어올랐는데……. 햇볕에 반사된 빛에 눈부셔 스님들끼리 머리를 부딪치기 일쑤였다.

전반전이 끝나고 잠시 쉬기 위해 그늘로 몰려들었다. 호봉스님이 이마의 피를 닦으며 투덜거린다.

"우씌, 도올스님은 머리가 돌이야, 돌!! 다음부터 축구할 때는 가발이라도 써야지……."

그러자 재치있는 입담의 마가스님이 점잖게 타이른다.

.

.

.

"모두 다 쓸 게 뭐 있어. 공한테 가발을 씌우면 그만인데……."

마스크를 쓴 비행기

코로나 상담

•

자가 격리가 길어지면서 상담문의가 늘고 있다.

"너무 답답해서 그래요. 제 동생은 반려식물과 벽에다 대고 말을 건네면서 마음을 달래고 있어요. 괜찮을까요?"

"그것도 아주 좋은 방법이에요. 하지만 벽이나 식물이 대답을 해 오면 정신과 진료를 꼭 받으셔야 해요. 아셨죠?"

웃음꽃

•

코로나19 바이러스에 대처하기 위해서는 면역력 강화가 필수다. 따뜻한 몸을 통한 체온 유지, 적절한 휴식, 스트레스 피하기, 신체활력을 주는 운동과 함께 식이요법도 중요하다.

삼성서울병원 임상 영양팀이 면역력 강화 7가지 슈퍼푸드를 소개했다. 버섯, 단호박, 사과, 감, 무, 고등어 등이다. 그러나 뭐니 뭐니 해도 '더 높은', '초월한', '한 차원 높은'의 뜻을 가진 메타 푸드(meta food)로 〈웃음〉만 한 게 또 있을까?

웃어야 산다.

웃음은 절망 가운데 피어난 꽃이다. 세상에 찡그린 꽃은 없다. 슬픈 꽃도 없다. 환한 웃음만 있다. 그래서 웃음꽃이다.

꽃이 말을 건네 온다.

"죽는 것은 쉽다. 아무리 못나도 그건 하잖니, 사는 게 재주지."

오늘 하루만이라도 웃음꽃으로 피어나라. 그래야 산다.

코로나19로 인하여
최후의 만찬이
취소되었습니다

The Last Supper or The Last Suffer

성찬·만찬 고난·고통

현대판 유다 찾기

죽음에 이르는 병

"죽음에 이르는 병은 절망이다.
그러나 이 병에 걸리는 것은 인간뿐이다.
동물은 절망이라는 병에 걸리지 않는다!
아담의 원죄로 말미암아 추방된
모든 영혼에는 절망이 있고 그것은 하나님께
돌아갈 때만 해결될 수 있는 것이다!"

—키에르케고르, 1849년,《죽음에 이르는 병(Sygdommen til Døden)》—

하나님과의 인터뷰

•

하나님에게 여쭈었다.

"처녀들은 귀엽고 매력적인데, 왜 마누라들은 늘 악마같이 화만 내고 잔소리가 그리도 많나요?"

하나님이 하시는 말씀…….

"처녀들은 내가 만들었지만, 마누라들은 너희가 만들었지 않느냐?"

"그러면 한 가지 더 묻겠습니다. 대체 어쩌자고 코로나 19를 만드셨습니까?"

하나님이 답하셨다.

"'우한 폐렴'은 나도 안다만…… 그건 세계보건기구(WHO)라는 곳에서 만든 거 아니니?"

"……. 하나님, 제발 부탁입니다. 탈출구를 좀 일러 주세요. 네!"

"그러냐? 비상탈출구는 항상 출입문의 반대편에 있지 않더냐? 코로나 19의 숫자를 뒤집어 시편을 들여다보아라."

지극히 높으신 분의 보호 속에 사는 이, 전능하신 분의 그늘에 머무는 이는 주께 아뢰어라. "나의 피신처, 나의 산성이신 나의 하느님, 나 그분을 신뢰하네." 그분께서 새잡이의 그물에서, 위험한 흑사병에서 너를 구하여 주시리라. 당신 것으로 너를 덮으시어 네가 그분 날개 밑으로 피신하리라. 그분의 진실은 큰 방패와 갑옷이라네. 너는 무서워하지 않으리라. 밤의 공포도, 낮에 날아드는 화살도, 어둠 속에 돌아다니는 흑사병도, 한낮에 창궐하는 괴질[코로나19]도, 네 곁에서 천 명이 네 오른쪽에서 만 명이 쓰러져도 너에게는 닥쳐오지 않으리라.

—가톨릭, 시 91:1~7

"어디서 살 것인가?"

—코로나가 던진 질문

세균의 균(菌)자는 '벼(禾)를 밀폐된 창고(口)에 넣어 두면 풀(++)처럼 곰팡이나 버섯(菌)이 피어난다'는 그림글자이다. 코로나바이러스 사태도 밀폐된 곳에 있으면 안 되는 이유이다.

—정택영, 2020, 〈파리팡세〉

누구 하나가 거리를 둔 덕분에
우리 모두가 살았다.

The one who stayed away saved all the rest.

성냥개비들의 생환

사이가 좋으려면 사이가 있어야 한다.

— 사회적 거리

미국의 문화인류학자인 에드워드 홀에 따르면 사람의 공간은 인간관계에 따라 네 가지로 구분할 수 있다.

'친밀한 거리'(0~46*cm*)는 '숨결이 닿는 거리', 가족이나 연인 사이의 거리다. 귓속말을 건넬 수 있는 사이다.

'개인적 거리'(46~120*cm*)는 친구와 가까운 사람 사이에 격식과 비격식을 넘나드는 거리다. 언제라도 어깨를 토닥일 수 있는 사이다.

'사회적 거리'(120~360*cm*)는 '곧게 쭉 편 팔'이란 의미에서 '스트레이트 암(straight arm)'이라 불린다. 호텔 로비 커피숍의 좌석 거리로, 비말(飛沫)의 비행거리다.(재채기의 비행속도는 160*km*로 퍼진다. 류현진의 투구 속도 154*km*보다 빠르다.)

'공적인 거리'(360*cm* 이상)는 무대 공연이나 연설 등에서 관객과 떨어져 있는 거리다. 소리치거나 손을 흔들 수 있는 거리다.

임영란 作 (215×80×110cm, 2011)

수수께끼

•

〈투란도트〉 극 중에 수수께끼가 등장한다.

마음을 열지 않던 공주 투란도트는 왕자에게 수수께끼 3개를 낸다. 그 수수께끼를 풀지 못하면 왕자는 죽는다.

그 첫 번째 문제.

"어두운 밤에 날아가는 환상이며 모든 인류의 환영이다. 아침에 사라지며 밤이 되면 다시 나타나는 것은?"

답은 무엇일까?

.

.

.

"희망(La speranza)!"

그의 답이 희망이다.

우리가 깨어 기다리는 날만이
동이 트는 것이다.
그러하지 않으면,
태양은 단지
아침에 뜨는 별에 지나지 않는다.

— 헨리 데이비드 소로

안코라 임파로 Ancora imparo

•

나는 배웠다.

모든 시간은 정지되었다. 일상이 사라졌다. 만나야 할 사람을 만나지 못한다. 만나도 경계부터 해야 한다. 여러 사람이 마주 앉아 팥빙수를 겁 없이 떠 먹던 날이 그립다. 가슴을 끌어안고 우정을 나누던 날이 또다시 올 수 있을까? 한숨이 깊어진다.

비로소 나는 일상이 기적이라는 것을 배웠다. 기적은 기적처럼 오지 않는다. 그래서 기도한다. 속히 일상의 기적과 함께 기적의 주인공으로 사는 일상을 달라고.

나는 배웠다.

마스크를 써 본 뒤에야 지난날의 내 언어가 소란스러웠음을 알고 침묵을 배웠다. 너무나 쉽게 말했다. 너무 쉽게 비판하고 너무도 쉽게 조언했다. 생각은 짧았고 행동은 경박(輕薄)했다. 나는 배웠다. '살아 있는 침묵'을 스스로 가지지 못한 사람은 몰락을 통해서만 '죽음으로 침묵'하게 된다는 사실을.

나는 배웠다.

세상을 움직이는 것은 정치인이 아니었다. 성직자도 아니었다. 소식을 듣자 대구로 달려간 신혼 1년차 간호[천]사가 가슴을 울렸다. 잠들 곳이 없어 장례식장에서 잠든다는 겁 없는 간호[천]사들의 이야기에 한없이 부끄러웠다. 따뜻한 더치커피를 캔에 담아 전달하는 손길들을 보며 살맛 나는 세상을 느꼈다. 이마에 깊이 팬 고글 자국 위에 밴드를 붙이며 싱긋 웃는 웃음이 희망백신이었다. 나는 배웠다. 작은 돌쩌귀가 문을 움직이듯이 세상을 움직이는 것은 저들의 살아 있는 행동인 것을.

나는 배웠다.

죽음이 영원히 3인칭일 수만은 없다는 것을. 언젠가 내게도 닥칠 수 있는, 그래서 언제나 준비되어 있어야만 하는 것이 죽음인 것을 배웠다. 인간이 쌓은 천만의 도성도 바벨탑이 무너지듯 한순간에 무너질 수 있다. 만물의 영장이라는 인간이 미생물의 침투에 너무도 쉽게 쓰러질 수 있는 존재인 것을 배웠다. 그런데도 천년만년 살 것처럼 악다구니를 퍼붓고 살았으니……. 얼마나 웃기는 일인가를 배웠다.

나는 배웠다.

인생의 허들경기에서 장애물은 '넘어지라'고 있는 것이 아니라 '넘어서라'고 있는 것임을. 자신에게 닥친 시련을 재정의하고 살아남아 영웅이 될지 바이러스의 희생양이 될지는 나의 선택에 달려 있다. 닥친 불행과 시련을 운명이 아닌 삶의 한 조각으로 편입시키는 것이 무엇인지를 배웠다. 그때 희망의 불씨가 살아나고 있었다.

나는 배웠다.

카뮈의 《페스트》에 등장하는 북아프리카의 항구 오랑은 아비규환의 현장이었다. 서로를 향한 불신과 배척, 죽음의 공포와 두려움……. 지옥이었다. 코로나19의 피해지역인 대구는 '공황(恐惶)도 폭동도 혐오도 없었다. 침착함과 고요함이 버티고 있었다.'(미 ABC방송 이언 패널 기자) 일본의 대지진 때 일어났던 사재기도 없었다. 오히려 '착한 건물주 운동'으로 서로를 감싸 안았다. 외출 자제로 인간 방파제가 되어 대한민국을 지켰다. '배려와 존중'으로 빛났다. 나는 위기에서 '사람의 인격'이 드러나고 극한 상황에서 '도시의 품격'이 확인된다(이동훈 기자)는 것을 배웠다.

나는 배웠다.

신천지 교주 이만희는 코로나19의 창궐이 마귀의 짓이라 했다. 마귀를 내쫓아야 할 그가 쫓기듯 '평화의 궁전' 앞에서 무릎을 꿇었다. 큰절로 용서를 빌고 또 빌었다. 스스로 세상의 바이러스임을 인정하는 순간 거짓 메시아를 보았다. 그의 손목시계도 짝퉁, 그의 감언이설도 짝퉁, 그의 사과도 변명도 모두 짝퉁이었다. 짝퉁 예수를 팔아먹은 속세의 노인네에게 속아 산 인생들이 25만 명이라는 데 놀랐다. 나는 배웠다. 이 세상에는 아픈 사람이 너무도 많다는 것을. 나는 배웠다. 어두움은 빛을 이기지 못하고 거짓은 참을 이기지 못한다는 것을.

나는 배웠다.

어떤 기생충보다 무섭고 무서운 기생충은 '대충'이라는 것을. 모든 것이 대충이었다. 손씻기도 대충, 사회적 거리 유지도 대충, 생각도 대충……. 이번 사태에도 너무 안이했다. 이제는 나 스스로 면역주치의가 되어야 한다는 것을 배웠다. 환경문제나 생태계의 파괴가 남의 일이 아니라 내 일이라는 것을 배웠다. 또다시 찾아올 바이러스에 대처하기 위해 두 눈 부릅뜨고 환경지킴이가 되어야 한다. 나는 확실히 배웠다. 공생과 공존이 상생(相生)의 길이라는 것을.

나는 배웠다.

가장 큰 바이러스는 사스도 코로나도 아닌 내 마음을 늙고 병들게 하는 절망의 바이러스라는 것을. 나는 배워야 한다. 아파도 웃어야만 이길 수 있다는 것을. 아니, 그게 진정한 인간승리임을.

나는 기도한다. "마지막에 웃는 자가 되게" 해달라고.

#나는 아직도 배우고 있다

"안코라 임파로(Ancora imparo)!"

'나는 아직도 배우고 있다'는 이탈리아어다.

세기의 천재 미켈란젤로는 시스티나 성당의 천장화를 비롯해 수많은 명작을 남긴다. 많은 세월이 흐른다. 인생의 황혼 녘인 87세 때 자신의 스케치북 한쪽에 남긴 글이다.

내 나이 겨우 60을 넘겼다. 그래, 우리 모두는 살아야 한다. 잘 살기 위해 배워야 한다.

"안코라 임파로(Ancora imparo)!"

그렇다면 우리 모두는 살아 있다.

어떤 결심

마음이 많이 아플 때 꼭 하루씩만 살기로 했다.
몸이 많이 아플 때 꼭 한순간씩만 살기로 했다.
고마운 것만 기억하고 사랑한 일만 떠올리며
어떤 경우에도 남의 탓을 안 하기로 했다.
고요히 나 자신만 들여다보기로 했다.
내게 주어진 하루만이
전 생애라고 생각하니
저만치서 행복이
웃으며 걸어왔다.

— 이해인 시인 〈어떤 결심〉 중에서

소문

•

산속에서 3일 동안 굶은 호랑이가 있었다. 먹이를 찾아다니다가 드디어 어설프게 쭈그리고 있는 토끼를 보고 한 방에 낚아챘다.

이때 토끼가 하는 말.

"이거 놔! 인마~~!"

순간 어안이 벙벙한 호랑이는 얼결에 토끼를 놔주었다. 상상도 못 할 황당한 말에 호랑이는 대단한 충격을 받았다.

다음 날 충격에서 깨어나지 못한 채로 방황하던 호랑이, 드디어 또 토끼를 발견하고 역시 한 방에 낚아챘다.

그러자 토끼 왈,

"나야, 인마~~!"

충격에 휩싸인 호랑이는 그 토끼를 얼른 놔주었다. 그리고 다짐을 했다. 다신 그런 실수를 하지 않겠다고.

다음 날 또 토끼를 잡았다. 이번엔 그 토끼가 아니었다. 분명히 다른 토끼였다.

그런데 호랑이는 그 토끼가 한 말에 쇼크를 받아 그만 죽어 버렸다. 토끼가 한 말은,

.

.

.

"소문 다 났어, 인마~~!"

..

호랑이는 암(癌)세포로, 토끼는 면역세포로 은유되고 있다.

죽음은 '깨어날 수 없는 잠(永眠)'이고,
잠은 '깨어날 수 있는 죽음(熟眠)'이다.

병(病)에게

어딜 가서 까맣게 소식을 끊고 지내다가도
내가 오래 시달리던 일손을 떼고 마악 안도의 숨을 돌리려고 할 때면
그때 자네는 어김없이 나를 찾아오네.

자네는 언제나 우울한 방문객
어두운 음계(音階)를 밟으며 불길한 그림자를 이끌고 오지만
자네는 나의 오랜 친구이기에 나는 자네를
잊어버리고 있었던 그동안을 뉘우치게 되네.

자네는 나에게 휴식을 권하고 생(生)의 외경(畏敬)을 가르치네.
그러나 자네가 내 귀에 속삭이는 것은 마냥 허무
나는 지그시 눈을 감고, 자네의
그 나직하고 무거운 음성을 듣는 것이 더없이 흐뭇하네.

내 뜨거운 이마를 짚어 주는 자네의 손은 내 손보다 뜨겁네.
자네 여윈 이마의 주름살은 내 이마보다도 눈물겨웁네.
나는 자네에게서 젊은 날의 초췌한 내 모습을 보고
좀 더 성실하게, 성실하게 하던
그날의 메아리를 듣는 것일세.

생에의 집착과 미련은 없어도 이 생은 그지없이 아름답고
지옥의 형벌이야 있다손 치더라도
죽는 것 그다지 두렵지 않노라면
자네는 몹시 화를 내었지.

자네는 나의 정다운 벗, 그리고 내가 공경하는 친구
자네가 무슨 일을 해도 나는 노하지 않네.
그렇지만 자네는 좀 이상한 성밀세.
언짢은 표정이나 서운한 말, 뜻이 서로 맞지 않을 때는
자네는 몇 날 몇 달을 쉬지 않고 나를 설복(說服)하려 들다가도
내가 가슴을 헤치고 자네에게 경도(傾倒)하면
그때사 자네는 나를 뿌리치고 떠나가네.

잘 가게 이 친구
생각 내키거든 언제든지 찾아 주게나.
차를 끓여 마시며 우린 다시 인생을 얘기해 보세 그려.

—조지훈

병원비

•

한 남자가 급작스런 병으로 수술을 받았다. 깨어나 보니 수녀들이 간호를 하고 있었다. 가톨릭 병원이었다. 참으로 정성스러웠다.

건강이 회복될 무렵, 원무과 수녀가 치료비를 어떻게 지불할 것인지를 그에게 물었다.

"돈이 없어요."

"도움을 청할 만한 친척이 없나요?"

"일가친척이라곤, 시집 못 간 누이 하나뿐인데 ○○동 성당 수녀입니다."

남자의 대답에 원무과 수녀가 역정을 냈다.

"수녀는 시집 못 간 여자가 아니에요! 하느님과 결혼한 여자들이에요."

이미 언성도 높아 있었다.

그러자 남자가 말했다.

"그럼, 제 병원비는 매형에게 청구해 주세요."

잊어버린 것?

•

의사가 묻는다.

"앓고 있는 치매 증상이라는 게 생활에 어떤 영향을 미치나요?"

환자가 답한다.

"그러게요. 뭘 들어도 자꾸 잊어버려요."

.

.

.

"그건 치매가 아니고 건망증 같은데……. 그럼, 그동안 잊어버린 것들의 예를 들어 주세요."

마지막으로 하고 싶은 말은?

•

목사님이 환자의 임종을 맞이하러 병원에 왔다.

가족들도 모두 나가고 목사님과 환자만 남았다. 목사가 물었다.

"마지막으로 하실 말씀은 없는지요?"

환자는 괴로운 표정을 지었다. 이어 있는 힘을 다해 손을 허우적거렸다.

목사는 "말하기가 힘들다면 글로 써 보세요."라며 메모지와 연필을 건넸다. 환자는 버둥거리며 몇 자 힘들게 적다가 숨을 거두고 말았다.

환자의 메모를 병실 밖으로 가지고 나온 목사, 슬퍼하는 가족들에게 말했다.

"우리의 의로운 형제는 주님 곁으로 편안히 가셨습니다. 이제 고인의 마지막 유언을 제가 읽어 드리겠습니다."

.

.

.

"발 치워, 너 산소호흡기 줄 밟았어."

크리스티안 노스럽이란 사람이 이런 말을 했다.

"병은 적이 아니다. 병은 그냥 메시지이다."

뒤집어 보기

•

암(癌)이란 병든(疒) 음식을 산(山)더미처럼 먹어(口) 생긴 병이라 한다. 암이 찾아드는 순간, '문제'가 생겼다고 한다. 산더미처럼 마음이 무거워진다. 절망한다. 해결책이 없다고.

문제가 무엇인가? 문제는 언제나 해결책과 함께 온다. 답이 없다면 그것은 이미 문제가 아니다. 그러니 걱정할 필요가 없다. 눈앞에 가로놓인 벽도 눕히면 다리가 되지 않는가?

암(癌)도 그렇다.

산(山)으로 가서 큰 호흡을 세 번(口口口)만 들숨날숨으로 내뱉어도 병(疒)도 날아가 버린다.

무너뜨릴 수 없다면 뒤집기라도 해라.

수그리는 걸 깜빡해서

•

1982년 3월 30일 오후 2시 35분, 가슴에 총상을 입은 70세의 남자 환자가 숨을 헐떡거리며 조지 워싱턴 대학병원 응급실에 도착한다. 총기 사고가 드물지 않은 미국에는 이런 경우가 종종 있는데, 특별했던 점은 그 환자가 당시 미국 대통령인 로널드 레이건이었다는 점이다. 인근에서 존 힝클리에게 피격된 레이건 대통령과, 부상을 입은 공보비서관 제임스 브래디, 경호원 티머시 매카시, 경찰관 토머스 델라헌티가 사건 발생 10분 만에 이 병원으로 이송된 것이다. 조지 워싱턴 대학병원은 지구 최고의 VIP 환자를 맞은 셈인데, 응급실 도착 직후 잠시 의식을 잃기도 했던 레이건 대통령의 상태는 총상 부위 출혈 때문에 수축기 혈압이 80 정도밖에 되지 않을 정도로 위중했다.

극도로 긴장한 의료진과는 달리 레이건 대통령은 생사를 오가는 급박한 상황에서도 유머감각을 잃지 않았다. 안심시키기 위해 자신의 손을 잡아 주던 간호사에게 "혹시 낸시가 우리 사이를 눈치챘을까요?"라고 농을 건넸고, 황급히 도착한 낸시 레이건 여사에게 "여보, 내가 수그리는 걸 깜빡했어."라고 천연덕스럽게 이야기하기도 했다. 이 표현은 잭 뎀프시라는 전설적인 권투 선수가 상대방에게 흠씬 두들겨 맞고 패한 날 집에 돌아와서 아내에게 자신이 깜빡하고 상체를 숙이지 않는 바람에 그리되었다고 했던 유명한 농담에서 빌려 온 것이었다.

총알이 박힌 왼쪽 가슴에서 2리터 이상의 출혈이 계속되자 의료진은 가슴을 열고 박혀 있는 총알을 빼내는 것이 최선이라고 판단하고 레이건 대통령을 수술실로 옮긴다. 현직 대통령의 몸에 박힌 총알을 꺼내고 출혈 부위를 찾아 지혈해야 했다. 성공을 장담할 수 없는 고난도의 수술을 시작하기 위해 마취과 의사가 레이건 대통령의 오른쪽 어깨를 가볍게 두드리며 "모든 것이 잘될 겁니다."라고 대통령을 안심시킨다. 그러자 레이건 대통령은 자신의 코와 입을 덮고 있던 산소마스크를 힘겹게 끌어내려 의료진을 긴장시키는데, 그 절체절명의 순간에 그는 의외로 농담을 던진다.

"당신들이 공화당원이라고 얘기해 주시구려."

공화당 출신 현직 대통령의 수술을 맡아 집도하기로 한 조셉 조르다노 박사는 하필 정식 민주당원이어서 일순 분위기가 얼어붙었는데, 그는 이렇게 응수하여 레이건 대통령과 초긴장 상태의 의료진을 파안대소하게 한다.

"대통령님, 오늘만은 저희 모두가 공화당원입니다."

다행히 수술은 성공적이었지만, 회복 과정에서 가래가 기관지를 막아 폐의 일부분이 짜부라지는 합병증이 생기고 만다. 폐를 다시 부풀리기 위해 수술 부위가 아프더라도 열심히 가래를 뱉어 내라는 의료진의 지시를 너무나 충실히 따르던 그가 의사로부터 모범 환자라고 칭찬받자 이렇게 얘기했다고 한다.

"당연히 시키시는 대로 해야지요. 제 장인어른도 의사 선생님이셨거든요."

—임재준(서울대 의대 교수, 의학교육실장)

젊은이들에게

2020년 새해를 맞이해 이어령 교수가 '젊은이들에게 하고픈 말'에 대한 질문으로 내놓은 답이다.

"우리 때는 총성이 들리는 전쟁이었지만 요즘 젊은이들은 총성이 들리지 않는 전쟁을 치르며 사는 것 같다. 하지만 '아리고 쓰리다'에 '랑'자를 붙이면 '아리랑 쓰리랑' 천국이 되듯 아픔을 창조적인 힘으로 바꿀 수 있다. 젊은이들한테만 꿈꾸라고 해서도 안 된다. 꿈을 사회가 같이 꿔 줘야 이루어진다. 혼자서 꾸면 꿈으로 끝나지만, 같은 꿈을 꾸는 사람이 두 손으로 잡으면 현실이 된다. '메멘토 모리'도 들려주고 싶다. 죽음만큼 절박하고 중요한 게 없다. 그래야 산다는 게 뭔지 안다. 사막의 갈증, 빈 두레박의 갈증을 느낀 자만이 물의 맛, 삶의 맛을 아는 것과 같은 이치다. 젊기 때문에 더 죽음을 생각해야 한다. 그게 삶을 인식하는 가장 빠른 길이고, 앞을 찾아 갈 수 있는 올바른 길이다."

중요한 것은
승리가 아닌 분투

"인생에서 중요한 것은 승리가 아니라 분투이며,
본질은 정복했다는 것이 아니라 잘 싸웠다는 것이다."

— 피에르 드 쿠베르탱(Pierre de Coubertin, 1863~1937,
근대 올림픽 경기의 창시자, 국제올림픽위원회(IOC) 창설)

#운명

1896년 근대 올림픽 부활을 이끈 쿠베르탱이 이 그림 앞부분에 보이는 뒤를 돌아보고 있는 소년이다. 조선을 향해 떠나는 네 명의 파리외방선교회 소속 청년 선교사들을 그린 이 〈Le Départ(1869)〉 작품의 화가가 그의 부친이다. 네 청년이 1866년 병인박해 때 순교한 소식을 듣고 그렸다.

이처럼 쿠베르탱은 프랑스 가톨릭의 보수적이고 강인한 신앙에서 자랐다. 런던에서 만난 토머스 아널드(Thomas Arnold)의 영향을 받아 남성적 기독교(muscular Christianity)를 도모하고, 스포츠와 종교가 국제 평화에 기여하도록 올림픽을 부활시킨다.

'강인한 근육질의 육체+종교적 경건성'이 결합되면 건전하고 도덕적 · 윤리적인 인간을 만들 수 있다는 이상을 가진 이 남성적 기독교 운동은 개신교의 경우 YMCA가 채택하여 국제 운동으로 발전시킨다.

근대올림픽

파도와 바다

루게릭병에 걸려 죽음을 앞둔 모리 슈워츠(브랜다이스대 교수)는 사지가 서서히 마비되어 가는 상황에서 매주 화요일 마지막 강의를 한다. 그 마지막 강의의 유일한 학생은 옛 제자였던 미치 앨봄.

16년 만에 자신을 찾아온 제자 한 명을 앞에 놓고 자신의 집에서 사랑, 일, 공동체, 죽음에 대해 이야기하는 모리 슈워츠 교수.

그는 제자에게, 아니, 우리 모두에게 이렇게 묻는다.

"마음을 나눌 사람을 찾았나?"

"지역 사회를 위해 뭔가 하고 있나?"

"마음은 평화로운가?"

"최대한 인간답게 살려고 애쓰고 있나?"

"저번 날 멋진 이야기를 들었네. 넓고 넓은 바다에서 넘실대는 작은 파도에 대한 이야기야."

> 파도는 바람을 맞고 신선한 공기를 마시며 즐거운 시간을 보냈지. 그러다가 자기 앞에 있는 다른 파도들이 해변에 닿아 부서지는 것을 보았어.
>
> "하나님 맙소사, 이렇게 끔찍할 데가 있나. 내가 무슨 일을 당할지. 저것 좀 봐!" 파도는 말했지.
>
> 그때 다른 파도가 뒤에서 왔어. 그는 이 작은 파도의 우울한 기분을 알아차리고 물었어.
>
> "왜 그렇게 슬픈 표정을 짓고 있어?"
>
> 아까 그 작은 파도가 대답하지.
>
> "넌 모를 거야! 우린 모두 부서진다구! 우리 파도는 부서져 다 없어져 버린단 말이야! 정말 끔찍하지 않니?"
>
> 그러자 다른 파도가 말하지.
>
> "아냐, 넌 잘 모르는구나. 우리는 그냥 파도가 아냐, 우리는 바다의 일부라구."
>
> —미치 앨봄, 《모리와 함께한 화요일》에서

그의 마지막 메시지

나는 갑니다. 훈계서 한 장 가지고!

1985~2020

동이 트지 않았지만 나는 갑니다. 가야 할 시간, 나루터는 아직 어둡고, 배웅하는 이 없이 눈가에 눈송이만 떨어집니다. 그립습니다. 눈송이가 눈시울을 적십니다.

캄캄한 밤은 어둡고, 어두움에 집집마다 환하던 등불조차 떠올릴 수 없습니다. 일생 빛을 찾았습니다. '스스로 반짝인다.' 자랑했습니다. 온 힘을 다했지만 등불을 켜지는 못했습니다.

여러분, 감사합니다. 어젯밤 눈바람 무릅쓰고 나를 보러 왔던 여러분!

가족처럼 저를 지키며 밤새 잠 못 이루던 여러분, 감사합니다.

하지만 연약한 인간에게 기적은 일어나지 않았습니다.

나는 본디 평범하고 보잘것없는 사람입니다.

어느 날 하나님이 나에게 그의 뜻을 백성에게 전하라 하셨습니다. 조심스럽게 말했습니다.

그러자 누군가 나에게 태평한 세상에 소란 피우지 말라며, '도시 가득 화려하게 피어 있는 꽃이 보이지 않냐'고 말했습니다!

전 세계가 지금의 안녕을 계속 믿게 하기 위해 나는 단지 마개 닫힌 병처럼 입을 다물었습니다. 선홍색 인장으로 내 말이 모두 동화 속 꿈이라고 인정했습니다. 왕관을 쓴 치명적인 황후는 반란을 위해 속세에 내려오지 않았다고 했습니다.

이렇게 천하는 다시 북적거렸습니다. 누구도 몰랐습니다. 거대한 비극이 곧 성문을 잠그리라고는.

이후 하늘이 대노하고 산하(山河)는 시들고 나는 병들었습니다. 내 가족까지 모두 병들었습니다. 우리는 천 송이 만 송이 눈보라처럼 송이송이 흩날렸습니다. 봄이 오고 강물이 녹으면 가족과 만나리라 기대했습니다.

그때가 되면 노란 유채꽃밭에 앉아 흩날리는 꽃 송이송이 새며 하루 일분일초를 보내리라 여겼습니다.

기다렸습니다. 어젯밤 눈 내리기를 기다렸습니다. 하나님이 내 머리 쓰다듬으며 말했습니다.

'착하지, 나와 같이 가자.

인간은 가치가 없어!'

이 말에 눈물이 왈칵 쏟아졌습니다. 비록 인간은 빈한(貧寒)하고 하늘은 따뜻한 곳이더라도 말이죠. 저승으로 가는 다리를 건너기 두렵습니다. 고향을 떠올려도 다시는 가족을 만나지 못할 것입니다.

사실 나의 기개는 보증서 한 장으로 죽었습니다. 나는 계속 햇볕이 비치듯 살아 생명을 노래하고 소나무, 잣나무를 찬미하고 싶었습니다. 이 나라 이 땅을 깊이 사랑했습니다. 이제 내 육신은 죽지만 한 줌 재가 되기 전에 조용히 고향의 검은 땅과 하얀 구름을 떠올립니다.

어린 시절을 떠올리니 바람은 마음껏 춤추고 눈은 새하얗게 티 한 점 없습니다.

삶은 참 좋지만 나는 갑니다.

나는 다시는 가족의 얼굴을 쓰다듬을 수 없습니다.

아이와 함께 우한 동호(東湖)로 봄나들이를 갈 수 없습니다.

부모님과 우한대학 벚꽃 놀이를 할 수 없습니다.

흰 구름 깊은 곳까지 연을 날릴 수도 없습니다.

나는 아직 세상에 나오지 않은 아이와 만나기를 꿈꿨습니다. 아들일지 딸일지 태어나면 뜨거운 눈물을 머금고 사람의 물결 속에서 나를 찾을 것입니다.

미안하다, 아이야!

나는 네가 평범한 아버지를 원했음을 잘 안다. 하지만 나는 평민 영웅이 되었구나.

하늘이 곧 밝습니다.

나는 가야 합니다.

한 장의 보증서를 들고서, 이 일생 유일한 행낭입니다.

감사합니다.

세상의 모든 나를 이해하고 나를 동정하고 나를 사랑했던 모든 이들. 나는 당신들이 모두 동트는 새벽을, 내가 산마루 건너기를 기다릴 것임을 알고 있습니다. 하지만 너무 피곤합니다.

이번 생애 태산보다 무겁기를 바라지 않았습니다. 새털처럼 가볍기를 두려워하지도 않았습니다. 유일한 바람은 얼음과 눈이 녹은 뒤 세상 모든 이가 여전히 대지를 사랑하고 여전히 조국을 믿기를 희망합니다.

봄이 와 벼락이 칠 때 만일 누군가 나를 기념하려는 이가 있다면 나를 위해 작디작은 비석하나 세워 주기 바랍니다! 우람할 필요 없습니다.

내가 이 세상을 왔다 갔음을 증명해 줄 수만 있으면 됩니다.

이름과 성은 있었지만 아는 것도 두려움도 없었다고.

내 묘지명은 한마디로 충분합니다.

"그는 세상의 모든 이를 위하여 해야 할 말을 했습니다(他爲蒼生說過話)."

· ·

우한의 코로나 바이러스 발병을 처음으로 알린 리원량 우한 중앙병원 의사. 그의 아내 푸쉐제가 정리한 남편의 마지막 메시지이다.

꼬마 아가씨의 프러포즈

story

29살 총각인 나는 직장에서 일을 마치고 집으로 돌아오는 길이었다. 난 그날도 평소처럼 집 앞 횡단보도를 걷고 있었는데, 그만 시속 80km로 달리는 차를 못 보고 부딪혀 중상을 입었다. 난 응급실에 실려 갔고, 기적적으로 생명만은 건졌다. 그러나 의식이 돌아오는 동시에 깊은 절망에 빠지게 되었다. 바로 나의 시력을 잃었던 것이다.

아무것도 볼 수 없다는 사실에 너무 절망했고, 결국 아무 일도 할 수 없는 지경이 되어 버렸다. 중환자실에서 일반병실로 옮기면서 난 그녀를 만났다. 그녀는 아홉 살밖에 안 되는 소녀였다.

"아저씨! 아저씨는 여기 왜 왔어?"

"야! 꼬마야! 아저씨 귀찮으니까 저리 가서 놀아."

"아··· 아저씨! 왜 그렇게 눈에 붕대를 감고 있어? 꼭 미라 같다."

"야! 이 꼬마가……. 정말 너, 저리 가서 안 놀래?"

그녀와 나는 같은 301호를 쓰고 있는 같은 병실 환자였다.

"아저씨, 근데 아저씨 화내지 마……. 여기 아픈 사람 많아. 아저씨만 아픈 거 아니잖아요. 그러지 말고~ 나랑 친구해. 네? 알았죠?"

"꼬마야……. 아저씨 혼자 있게 좀 내버려 둘래?"

"그래……. 아저씨, 난 정혜야……. 오정혜! 여긴 친구가 없어서 심심해. 아저씨 나보고 귀찮다구?"

그러면서 그녀는 밖으로 나가 버렸다.

다음 날.

"아저씨, 그런데 아저씬 왜 이렇게 한숨만 푹푹 쉬어……?"

"정혜라고 했니? 너도 하루아침에 세상이 어두워졌다고 생각해 봐라. 생각만 해도 무섭지……. 그래서 아저씬 너무 무서워서 이렇게 숨을 크게 내쉬는 거란다……."

"근데 울 엄마가 그랬어. 병도 이쁜 맘 먹으면 낫는대. 내가 환자라고 생각하면 환자지만 환자라고 생각 안 하면 환자가 아니라고. 며칠 전에, 그 침대 쓰던 언니가 하늘나라에 갔어. 엄마는 그 언니는 착한 아이라서, 하늘의 별이 된다고 했어. 별이 되어서 어두운 밤에도 사람들을 무섭지 않게 환하게 해준다고……."

"음……, 그래. 넌 무슨 병 때문에 왔는데?"

"음, 그건 비밀이야. 그런데 의사 선생님이 곧 나을 거라고 했어. 이젠 한 달 뒤면 더 이상 병원 올 필요 없다고."

"그래? 다행이구나."

"아저씨, 그러니까……. 한 달 뒤면 나 보고 싶어도 못 보니까 이렇게 한숨만 쉬고 있지 말고 나랑 놀아 줘. 응? 아저씨……."

나는 나도 모르게 미소를 지었다. 그녀의 한마디가 나에게 용기를 주었다. 마치 밝은 태양이 음지를 비추듯 말이다. 그 후로 난 그녀와 단짝친구가 되었다.

"자! 정혜야, 주사 맞을 시간이다."

"언니, 그 주사 30분만 있다가 맞으면 안 돼? 잉~ 나 지금 안 맞을래!!!"

"그럼 아저씨랑 친구 못 하지. 주사를 맞아야, 빨리 커서 아저씨랑 결혼한단다."

그러면 '칫' 그러곤 엉덩이를 들이대었다. 그렇다. 어느새 그녀와 나는 병원에서 소문난 커플이 되었다. 그녀는 나의 눈이 되어 저녁마다 산책을 했고, 아홉 살 꼬마아이가 쓴다고 믿기에는 놀라운 어휘로 주위 사람, 풍경 얘기 등을 들려주었다.

"근데 정혜는 꿈이 뭐야?"

"음……, 나 아저씨랑 결혼하는 거."

"에이……. 정혜는 아저씨가 그렇게 좋아? 음……, 그렇게 잘생겼어?"

"음……, 그러고 보니까, 아저씨 디게 못생겼다. 꼭 괴물 같아."

그러나 그녀와의 헤어짐은 빨리 찾아왔다. 2주 후 나는 병원에서 퇴

원했다. 그녀는 울면서,

"아저씨, 나 퇴원할 때 되면 꼭 와야 돼, 알겠지?? 응? 약속."

"그래, 약속."

우는 그녀를 볼 수는 없었지만 가녀린 새끼손가락에 고리를 걸고 약속을 했다. 그리고 2주일이 지났다.

따르릉 따르릉.

"여보세요, 최호섭 씨?"

"예! 제가 최호섭입니다."

"축하합니다. 안구 기증이 들어왔어요."

"진…… 진짜요……? 감사합니다. 감사합니다."

정말 하늘로 날아갈 것 같았다. 일주일 후 난 이식수술을 받고, 3일 후에는 드디어 꿈에도 그리던 세상을 볼 수 있게 되었다.

난 너무도 감사한 나머지 병원 측에 감사편지를 썼다. 그리고 나아가서 기증자도 만나게 해달라고 했다. 그러던 중 난 그만 주저앉을 수밖에 없었다. 기증자는 다름 아닌 정혜였던 것이다.

나중에 알았던 사실이지만 바로 내가 퇴원하고 일주일 뒤가 정혜의 수술일이었다. 그녀는 백혈병 말기환자였던 것이다. 난 그녀를 한 번도 본 적이 없었기에…… 그녀가 건강하다고 믿었는데 정말 미칠 것만 같았다.

하는 수 없이 그녀의 부모님이라도 만나야겠다고 생각했다.

"아이가 정말 많이 좋아했어요."

"예……."

"아이가 수술하는 날 많이 찾았는데……."

정혜의 어머니는 차마 말을 이어 가질 못했다.

"정혜가 자기가 저세상에 가면 꼭 눈을 아저씨께 주고 싶다고. 그리고 꼭 이 편지 아저씨에게 전해 달라고……."

그 또박또박 적은 편지에는 아홉 살짜리 글씨로 이렇게 쓰여 있었다.

> 아저씨!
>
> 나 정혜야.
>
> 음~ 이제 저기 수술실에 들어간다.
>
> 옛날에 옆 침대 언니도 거기에서 하늘로 갔는데……. 정혜도 어떻게 될지는 모르겠어.
>
> 그래서 하는 말인데 아저씨, 내가 만일 하늘로 가면, 나 아저씨 눈 할게. 그래서 영원히 아저씨랑 같이 살게. 아저씨랑 결혼은 못 하니까.

나의 눈에는 두 줄기의 눈물이 흘러내리고 있었다.

해피 에이징으로 사는 길

•
•
•

아이 생각,
어른 생각_

VI

노인의 열 가지 좌절과 다산의 노인학

송(宋)나라 사람 주필대(周必大)의 《이로당시화(二老堂詩話)》라는 책에 '노인의 열 가지 좌절'이라는 내용이 있다.

"대낮에는 꾸벅꾸벅 졸음이 오지만 밤에는 잠이 오지 않는다."
"울 때는 눈물이 흐르지 않고 웃을 때는 눈물이 흐른다."
"30년 전의 일은 모두 기억하지만 눈앞의 일은 돌아서면 잊어버린다."
"고기를 먹으면 배 속에는 없고 죄다 이빨 사이에 낀다."
"흰 얼굴은 검어지고 검은 머리는 희어진다."

우리나라의 성호(星湖) 이익(李瀷)이 여기에 몇 가지를 더 보탰다.

"눈을 가늘게 뜨고 멀리 보면 잘 보이는데 눈을 크게 뜨고 가까이 보면 희미하게 보인다."
"바로 옆에서 하는 말은 알아듣기 어려운데 조용한 밤에는 비바람

소리가 들린다."
"자주 허기가 지지만 밥상을 마주하면 잘 먹지 못한다."

그런데 다산 정약용 선생은 반대로 이런 것들이 실은 좌절이 아니라 즐거움이라고 해학을 보였다.

1. 대머리가 되니 빗이 필요치 않고
2. 이가 없으니 치통이 사라지고
3. 눈이 어두우니 공부를 안 해 편안하고
4. 귀가 안 들려 세상 시비에서 멀어지며
5. 붓 가는 대로 글을 쓰니 손볼 필요가 없으며
6. 하수들과 바둑을 두니 여유가 있어 좋다.

누구나 다산처럼 모든 것을 긍정적으로 생각할 수만 있다면 노년도 예술이겠다.

"아브라함은 자기가
받은 목숨대로 다 살고,
아주 늙은 나이에 기운이 다하여서,
숨을 거두고 세상을 떠나,
조상들이 간 길로 갔다."

— 새번역, 창 25:8

노년

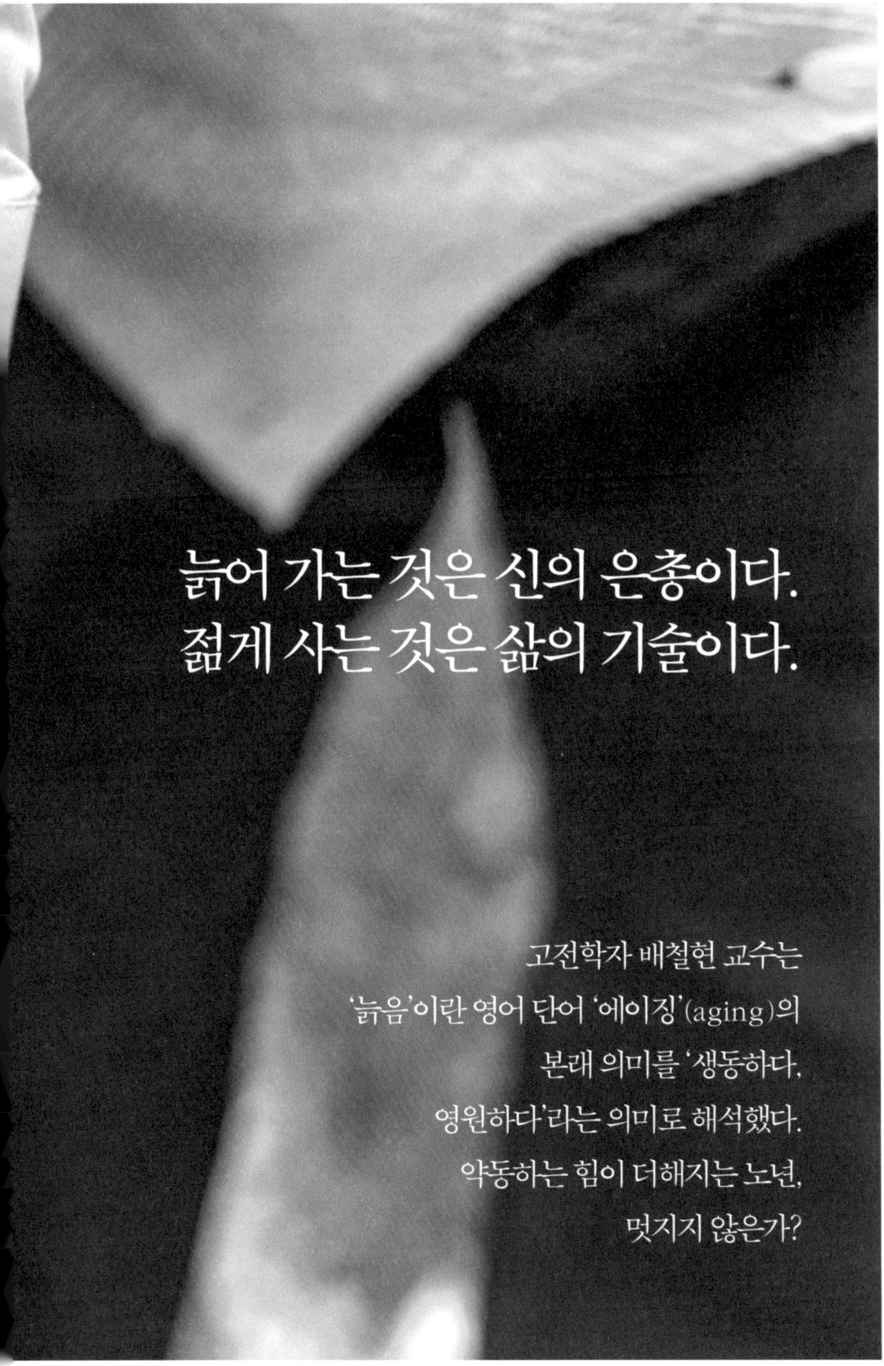

늙어 가는 것은 신의 은총이다.
젊게 사는 것은 삶의 기술이다.

고전학자 배철현 교수는
'늙음'이란 영어 단어 '에이징'(aging)의
본래 의미를 '생동하다,
영원하다'라는 의미로 해석했다.
약동하는 힘이 더해지는 노년,
멋지지 않은가?

선배와 꼰대

•

동창회에서 한 선배가 후배에게 물었다.

"선배와 꼰대의 차이를 아남?"

"모르겠는데요."

"선배는 물어보는 것에만 답해 주고,
꼰대는 안 물어본 것까지 굳이 알려 주는 사람이라네."

그러자 후배가 말했다.

.

.

.

"안 물어봤는데요."

노인은 아무나 되나?

•

노인이 아무나 되는 줄 알아,

살아 있어야 노인 되는 겨.

있다, 없다

•

10대는 '철'이 없다. 20대는 '답'이 없다. 30대는 '집'이 없다.

어디 그들만 없나요? 40대는 '돈'이 없다. 50대는 '일'이 없다. 60대는 '낙'이 없다. 70대는 '이'가 없다.

그리고 80대는 '처'가 없다. 90대는 '시간'이 없다.

마지막으로 100대는, '다 필요' 없다.

이를 '있다'로 바꿀 수는 없을까?

10대는 '끼'가 있다. 20대는 '젊음'이 있다.

30대는 '짝'이 있다. 40대는 '폼'이 있다.

50대는 '멋'이 있다. 60대는 '가족'이 있다.

70대는 '쉼'이 있다. 80대는 '추억'이 있다.

90대는 '소망'이 있다. 100대는 '천국'이 있다.

'있다'에 완생으로 가는 길이 있다.

“늙어 가는 법을 배우는 것은
지혜의 명작이며
최고의 인생기술이다.”
— 앙리 아미엘, 1874

로즈 할머니의 졸업

story

대학교 졸업장을 갖고 싶어 87세의 나이에 대학생이 된 로즈 할머니. 그가 어느 날 손자뻘의 대학 동료들로부터 풋볼 경기 파티에서 연설을 해달라는 부탁을 받고 이런 이야기를 한다.

"우리는 늙었다고 해서 놀기를 멈추게 되지는 않습니다. 오히려 우리는 놀기를 멈추기 때문에 늙게 됩니다. 이 세상에서 언제나 젊게 살고, 행복하며, 성공하는 비밀은 단 네 가지입니다. 언제나 웃고, 매일같이 세상을 재미있게 사세요. 그리고 자신만의 꿈을 가져야 합니다. 꿈을 잃는다면, 그건 죽은 거나 마찬가지입니다. 우리 주변에는 너무나도 많은 사람들이 그렇게 죽은 채로 살아가고 있지만 그들은 그런 사실조차 모르지요!"

로즈 할머니는 꿈에 관한 이야기만이 아니라 늙어 감에 대해서 이런 소견도 피력한다.

"나이를 먹는다는 것과, 성숙한다는 것에는 정말로 큰 차이가 있답니다. 가령 당신이 지금 19살인데 아무런 생산적인 활동도 안 하고 가만히 침대에 1년간 누워 있으면 당신은 20살이 되지요. 똑같이 내가 87살이고 역시 아무것도 안 하고 가만히 1년간 누워만 있어도 88살이 됩니다. 내가 말하고자 하는 건, 나이를 먹는 건 우리의 선택이 아니란 겁니다. 모든 사람이 나이를 들 수는 있지만 그건 아무런 노력이나 능력이 필요하지 않습니다. 여기서 비밀은, 언제나 변화 속에서 기회를 찾음으로써 성숙해져야 한다는 것이지요.

후회를 남기지 마세요. 우리와 같은 늙은 사람들은 언제나 우리가 '저지른' 것들에 대한 후회보다는 '안 해본 것'들에 대한 후회가 남는답니다. 죽음을 두려워하는 유일한 사람들은 후회를 가진 사람들입니다."

그리고 이렇게 덧붙인다.

"나이를 먹는 것은 무조건적이지만, 성숙한다는 것은 선택적입니다."

로즈는 그녀가 그렇게 오랜 세월 동안 갈망했던 대학 졸업장을 땄다. 그리고 졸업 후 일주일 뒤, 평화롭게 자는 모습으로 생을 마감했다.

음악과 인생

꽃길을 걸을 때는
라르고(largo)
꽃들과 눈 맞추고 얘기하며
'매우 느리게' 걸어가요.

산행을 할 때는
안단테(andante)
하늘도 보고 바람소리 새소리 들으며
'느리게' 한 발 한 발 디뎌요.

일상의 삶은
모데라토(moderato)
게으름과 성급함은 버리고
'보통 빠르기'로 생활해요.

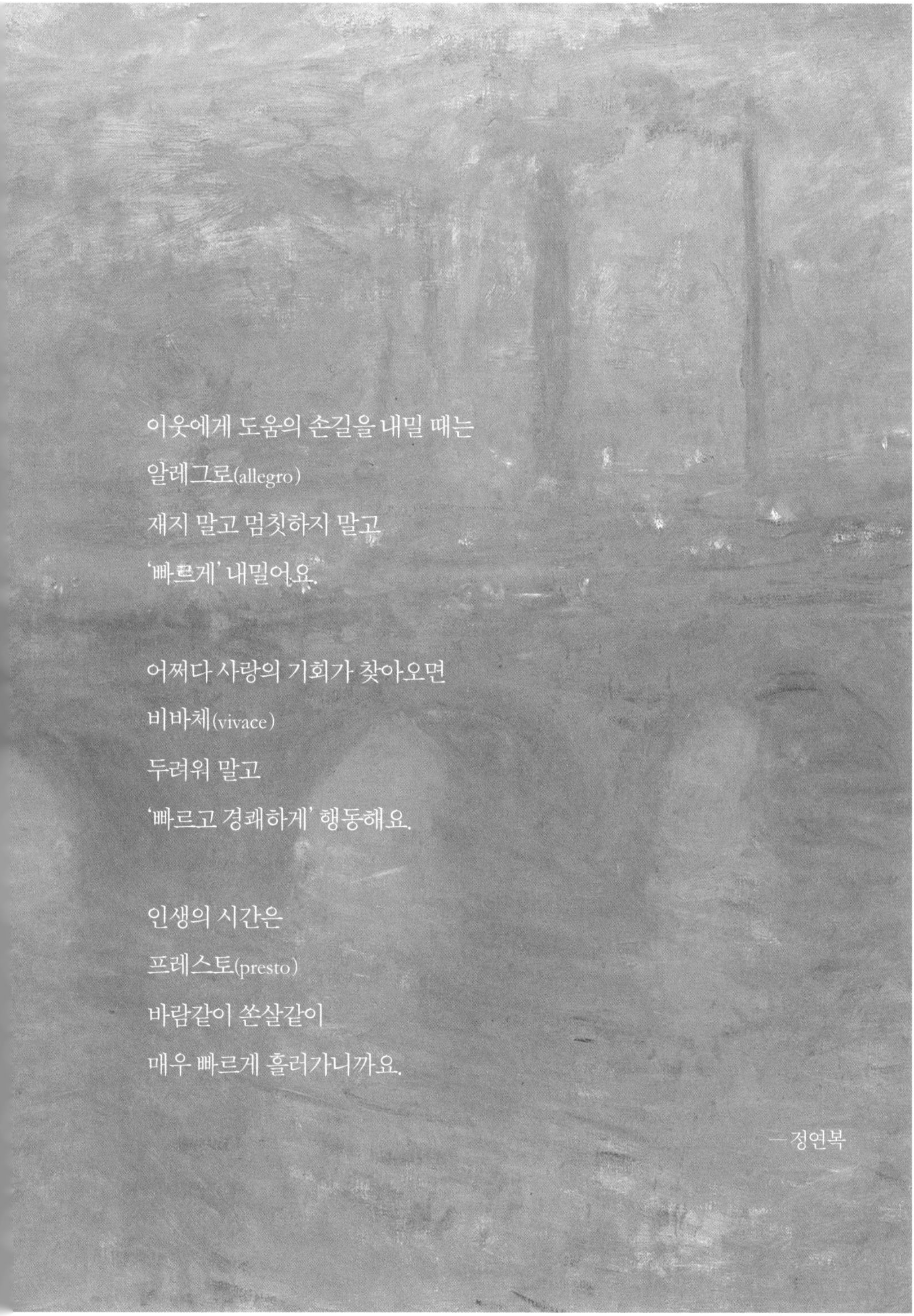

이웃에게 도움의 손길을 내밀 때는
알레그로(allegro)
재지 말고 멈칫하지 말고
'빠르게' 내밀어요.

어쩌다 사랑의 기회가 찾아오면
비바체(vivace)
두려워 말고
'빠르고 경쾌하게' 행동해요.

인생의 시간은
프레스토(presto)
바람같이 쏜살같이
매우 빠르게 흘러가니까요.

—정연복

아기 쥐

•

아기 쥐가 태어나서 처음으로 박쥐를 보았다.
너무 신기하고 놀라서 엄마에게 뛰어가 흥분된 어조로 말했다.
"엄마! 엄마! 오늘 나 천사를 봤어요."

최장수 인물

•

문호 디킨즈가 죽었을 때, 온 세계의 영어를 쓰는 나라에서는 어린이들까지도 가까운 친척이라도 죽은 듯이 애석해하였다.

런던의 한 아이가 말했다.

"디킨즈 아저씨가 죽었대. 그럼 머지않아서 산타클로스도 죽겠구나!"

생일을 양도한 스티븐슨

●

영국의 소설가 스티븐슨(1850~1894년)은 어린이를 무척 좋아하였다.

어느 날 친구네 집에 머물고 있었는데, 11살배기 친구의 딸과 친해졌을 때 아이가 말했다.

"난 2월 29일에 태어났기 때문에 지금까지 11년 동안에 겨우 두 번밖에 생일이 없었어요. 정말 섭섭해요."

아이는 정말 슬픈 표정을 지었는데, 스티븐슨은 물끄러미 아이를 바라보다가 책상으로 가서 이런 증서를 썼다.

"소생 로버트 루이스 스티븐슨은 심신이 모두 건전하여 이젠 생일이 필요 없는 연령에 도달했으므로 금년부터 소생의 생일 11월 3일을 아레래이드 아이드 양의 생일로서 그녀가 희망하는 한 양도하는 것임. —R.L.S"

천국에 가려면?

•

"천국은 어떻게 갈 수 있나요?"

주일학교 선생님이 아이들에게 묻고 있었다.

다들 어리둥절한데 동춘이란 아이가 손을 번쩍 들고 대답했다.

"죽어야 가죠."

이번에는 주일학교 학생이 선생님에게 물었다.

"선생님, 제 동생이 태어났어요. 그런데 왜 막 울어 대요? 왜 그럴까요? 내가 무서워서인가요?"

"그건 바로……. 밥줄이 끊겨서란다."

(주일학교 선생은 최근 해고통보를 받은 실직자였다.)

세상에서 가장 따뜻했던 저녁

어둠이 한기처럼 스며들고
배 속에 붕어 새끼 두어 마리 요동을 칠 때
학교 앞 버스 정류장을 지나는데
먼저 와 기다리던 선재가
내가 멘 책가방 지퍼가 열렸다며 닫아 주었다.
아무도 없는 집 썰렁한 내 방까지
붕어빵 냄새가 따라왔다.
학교에서 받은 우유 꺼내려 가방을 여는데
아직 온기가 식지 않은 종이봉투에
붕어가 다섯 마리
내 열여섯 세상에
가장 따뜻했던 저녁

— 복효근

갈매기의 죽음

•

네 살짜리 사내아이가 아빠와 바닷가에 갔다. 그런데 모래 위에 갈매기가 죽어 있는 것이었다.

꼬마가 아빠에게 물었다.

"아빠, 이 새 왜 이렇게 되었어요?"

아빠가 아들에게 말하길,

"아들아, 새가 죽어서 하늘나라 간 거야."

그러자 꼬마가 물었다.

"그런데 하느님이 여기 다시 던져 버렸어요?"

코끼리의 죽음

•

A: Why are you crying?

B: The elephant is dead.

A: Was he your pet?

B: No, but I'm the one who must dig his grave.

어린아이의 마음으로

하나님의 창조 세계를 즐길 때 우리는 하나님 자신을 반영한다. 하나님은 품질 검사표에 체크를 하고 일찍 퇴근하고 싶어 하는 사무적인 매니저처럼 창조 세계를 향해 금욕적으로 '좋다'고 말씀하신 것이 아니다. 하나님은 바다 물결의 완벽한 음향, 다크 초콜릿의 절묘한 강렬함이 주는 황홀함, 개똥지빠귀 알의 영광과 공작의 울음소리를 기뻐한다.

G. K. 체스터턴(G.K.Chesterton)은 하나님에게서 어린아이의 경탄을 보았다. 아이들은 아름다움과 즐거움을 지겨워하지 않는다. 마음껏 즐거워한다. 깃털을 찾거나 게임을 만들어 내거나 사탕을 먹는 일에 시간을 쓰는 데 죄책감을 느끼지 않는다. 체스터턴은 하나님이 열정적인 아이처럼 자신의 창조 세계의 즐거움을 탐닉하시는 것을 상상한다.

"어린이들은 생명력이 충만하고 그 마음이 열정적이고 스스럼없기 때문에, 맘에 드는 일들이 계속 되풀이되기를 원한다. 아이들은 언제나 '또 해줘요'라고 말하고, 어른은 그 말대로 하고 또 하다가 지겨워 죽을 지경이 된다. 어른들은 단조로움을 크게 기뻐할 만큼 강하지 않기 때문이다. 그러나 하나님은 단조로움을 매우 기뻐하실 정도로 강하신 듯하다. 그래서 아침마다 해를 향해 '또 해봐' 하고 말씀하실 수 있다.

물론 저녁마다 달에게 '또 해봐' 하고 말씀하시는 것도 마찬가지다. 모든 데이지 꽃이 서로 빼닮은 이유는 기계적 필연성 때문이 아닐 것이다. 하나님이 각 데이지 꽃을 따로따로 만드시지만 그 작업을 결코 지겨워하지 않으셔서 그럴 것이다. 그분은 영원한 유아기의 욕구를 가지고 계신 것인지 모른다. 우리는 죄를 짓고 늙어 가지만, 우리의 아버지는 우리보다 젊으셔서 그럴 것이다."

—G. K Chesterton, Ortbodoxy(N.Y: John lane Co., 1909)

《어린 왕자》에서 찾아낸 이야기

생텍쥐페리의 《어린 왕자》는 모든 문장이 한 편의 시를 읽는 듯한 느낌을 준다.

한 글자, 한 글자 곱씹어서 읽을수록 따뜻함이 느껴지는 글 때문인지 아직도 많은 사람에게 사랑받고 있는 작품이기도 하다. 특히 어른이 되고 나서 읽으면 미처 알지 못했던 것들이 가슴 한편으로 다가오면서 또 다른 느낌을 준다.

·

"별은 아름다워. 그것은 눈에 보이지 않는 꽃이 하나 있기 때문이지. 그리고 사막이 아름다운 것은 어딘가에 우물을 숨기고 있기 때문이야."

·

"조금 좋아하는 것은 절대 사랑일 수 없어. 너무 쉽게 사랑한다고 하지

마. 사랑한다는 말은 진실을 위해 아껴야 해."

·

"너의 장미꽃이 그토록 소중한 것은 그 꽃을 위해 네가 공들인 시간 때문이야."

·

"어른들은 누구나 처음에는 어린이였다. 하지만 그것을 기억하는 어른은 별로 없다."

·

"오로지 마음으로 보아야만 정확하게 볼 수 있다는 거야. 가장 중요한 것은 눈에 보이지 않는 법이야."

·

"내가 좋아하는 사람이 나를 좋아해 주는 건 기적이야."

·

"사람들 사이에서도 외롭기는 마찬가지야."

·

"만약 네가 오후 네 시에 온다면, 나는 세 시부터 행복해지기 시작할 거야."

커피

•

설탕을 넣어 달게 만든다.
커피를 넣어 쓰고 검게 만든다.
프림을 넣어 희게 만든다.
그리고 팔팔 끓여 뜨겁게 만든 후
차게 만들려고 후후 불어 가며 마신다.

고흐의 자화상

•

어떤 사람이 고흐에게 물었다.

"돈이 없어서 모델 구하기가 힘드시다고요?"

"하나 구했어."

"누구요?"

.

.

.

"나. 요즘 자화상 그려."

인간의 생애

•

탈무드는 인간의 생애를 7단계로 설명했다.

한 살은 임금님, 모든 사람들이 임금님 모시듯 비위를 맞춘다.

두 살은 돼지, 진흙탕 속을 마구 뒹군다.

열 살은 새끼 양, 웃고 떠들고 마음껏 뛰어다닌다.

열여덟 살은 말, 다 자라 자신의 힘을 자랑하고 싶어 한다.

결혼하면 당나귀, 가정이라는 무거운 짐을 지고 가야 한다.

중년은 개, 가족을 먹여 살리기 위해 사람들의 호의를 개처럼 구걸한다.

노년은 원숭이, 어린아이와 똑같아지지만 아무도 관심을 가져 주지 않는다.

한밤중의 파스

•

한밤중에 할아버지가 일어나더니 말했다.

"할멈, 허리가 너무 아파. 파스 좀 붙여 줘."

할머니는 귀찮지만 어두운 방 안을 더듬거려 겨우 파스를 찾아 붙였다.

할아버지는 할머니가 붙여 준 파스 덕분에 잠을 잘 잘 수 있었다.

그런데 아침에 할아버지가 붙은 파스를 보고 깜짝 놀랐다.

허리에 붙은 것에 이런 글이 쓰여 있었다.

.

.

.

"중화요리는 칠성각에 주문해 주세요.

전 지역 5분 내 배달해 드립니다."

수명 연장의 비법

세포의 노화를 막는 방법을 찾기 위해 수명 연장을 연구하는 과학자들은 주로 '형질전환 동물'을 이용한다. 특정한 유전자를 변형시킨 동물을 만들고, 그 동물의 수명이 어떻게 변하는지를 살펴보는 것이다. 이러한 연구를 통해 미국 애리조나대 의대 앤드루 웨일 교수는 '우아하고 곱게 늙는' 수명 연장의 비법을 공개했다.

'우아하고 곱게 늙는' 첫 번째 방법은 잠을 너무 많이 자지 말라는 것. 가장 이상적인 수면시간은 6~7시간이며, 8시간 이상 잠을 자면 오히려 수명을 단축시킬 수도 있는 것으로 나타났다. 매일 45분씩 걷는 적당한 운동과 20분씩 낮잠을 자는 것도 곱게 늙는 방법의 하나다.

또 스트레스가 쌓이면 숨을 크게 내쉬고 4초간 코로 숨을 들이마신

다음 7초간 참았다가 8초 동안 입으로 숨을 내뱉는 것을 반복하는 것도 도움이 된다. 미리 유언장을 써 보고 삶을 반추하는 것도 좋은 방법이다.

잦은 스킨십과 충분한 성관계 역시 장수에 도움이 된다. 성관계가 인간의 수명 연장을 어떻게 도와주는가에 대해서는 아직 많은 연구 결과가 필요하다는 주장도 있지만 섹스가 한 번에 2500㎉를 소모하는 효과적인 운동이며, 활발한 성생활이 생활의 만족감을 높이고 대인관계를 원활하게 해주어 생명 연장에 이로울 것이라고 추정한다. 이는 성관계 자체가 장수를 돕는 것은 아니지만 애정 어린 육체적 접촉이 인간에게 심리적 위로감과 만족감을 동시에 충족시킴으로써 정신적 · 정서적으로 안정감을 유지시켜 주기 때문이다.

그러나 '우아하게 늙는' 최고의 비법은 '탄로가(歎老歌)'를 부르지 않는 것이다. 웨일 교수는 "노화를 부정하고 생체시계를 거꾸로 돌리려는 시도가 가장 큰 장애물"이라며 "노화를 피할 수 없는 과정이라고 생각하고 자연스럽게 수용하면서 지혜, 깊이, 부드러움 등 노년이 주는 장점을 받아들이는 것이 가장 중요하다"고 밝혔다.

악명 높은 RBG

"이기고 싶다면 고함치지 말라. 분노에 휩쓸리지 말라."

86세 미 연방대법원 최고령 대법관, 루스 베이더 긴즈버그(Ruth Bader Ginsburg).

최고령 연방대법관, 타임지의 영향력 100인 중 '우상(icon)' 부문에 선정된 그가 넘어져 갈비뼈가 부러졌을 때, 할리우드 배우부터 일반 시민까지 자기 갈비뼈를 주겠노라 나섰다.

별명이 '노터리어스(악명 높은) RBG'다. 결장암 · 폐암 · 췌장암을 앓으면서도 치료가 끝나면 곧장 대법원으로 복귀, '나는 살아 있다!'고 외치는 키 155㎝의 이 할머니는 그 '악명'으로 20대의 우상이 됐다. 그녀는 암(癌)을 이기기 위해 시작한 팔굽혀펴기를 하루 스무 번씩 한다.

생존자들은 한결같이 근육량이 큰 사람들이었다.

— 안데스 산맥에서 조난된 사람들의 이야기 —

이것은 무엇일까요?

•

"이것은 중세기에 예루살렘으로 가는 성지 순례자나 여행자가 쉬어 가던 휴식처라는 의미에서 유래되었습니다. 그리고 아프거나 죽어 가는 사람들을 위하여 장소를 제공하고 필요한 간호를 베풀어 준 것이 그 효시가 되었습니다.

현재에는 불치질환의 말기 환자 및 가족에게 가능한 한 편안하고 충만한 삶을 영위하도록 하는 총체적인 돌봄(care)의 개념으로 불리고 있습니다. 즉, 죽음을 앞둔 환자에게 연명의술(延命醫術) 대신 평안한 임종을 맞도록 위안과 안락을 최대한 베푸는 활동을 무엇이라고 할까요?"

.

.

.

한 학생의 기막힌 답,

"○○상조."

아이처럼 울고,

어른처럼 일어서라.

인생의 오계(五計)

●

중국 송(宋)나라에 주신중(朱新仲)이라는 학자가 주장했다.
인생에는 '다섯 개의 계획(五計)'이 있어야 한다고 했다.

첫째는 생계(生計),
둘째는 신계(身計),
셋째는 가계(家計),
넷째는 노계(老計),
마지막으로 사계(死計)가 그것이다.

生計는 내 일생을 어떤 모양으로 만드느냐에 관한 것이고,
身計는 이 몸을 어떻게 처신하느냐의 계획이며,
家計는 나의 집안, 가족관계를 어떻게 설정하느냐의 문제이다.
老計는 어떤 노년(老年)을 보낼 것이냐에 관한 계획이고,
死計는 어떤 모양으로 죽을 것이냐의 설계를 말한다.

주신중의 인생 오계론(五計論)이 우리나라에 영향을 주면서 조선 중기에 전통 선비 층을 중심으로 어떻게 해야 죽음을 두려워하지 않고 편안한 마음으로 맞을 수 있느냐는 사계(死計) 문화가 번져 있었다. 이 유행으로 나타난 것이 이른바 '오멸(五滅)'이라는 노후 철학이었다.

첫째는 멸재(滅財)로, 삶에 미련을 잡아 두는 재물을 극소화해야 죽음이 편안해진다.

둘째는 멸원(滅怨)으로, 살아오는 동안 남에게 산 크고 작은 원한을 애써 풀어 버려야 한다.

셋째는 멸채(滅債)로, 남에게 진 물질적 · 정신적 부채를 청산하는 일이다.

넷째는 멸정(滅情)으로, 정든 사람, 정든 물건으로부터 정을 뗄수록 죽음이 편해진다.

다섯째는 멸망(滅亡)이다. '망하여 없어진다'는 뜻이 아니다. '죽어서도 죽지 않고 산다'는 뜻이다. 기막힌 역설이다. 바로 이 철학이 '죽어서도 산 사람과 더불어 산다'는 우리 제례 문화의 바탕을 이룬다.

할망구

•

카톡방에서 회자되는 내용이다. 누군가가 일본 여행 중 어느 선술집 벽에 있는 낙서를 사진으로 찍어서 번역한 것이라고 하는데, 그 낙서는 이러하다.

"사랑에 빠(溺)지는 18세, 욕탕서 빠(溺)지는 81세.
도로를 폭주하는 18세, 도로를 역주행하는 81세.
마음이 연약한 18세, 온 뼈가 연약한 81세.
두근거림이 안 멈추는 18세, 심장질환이 안 멈추는 81세.
사랑에 숨 막히는 18세, 떡 먹다 숨 막히는 81세.
수능점수 걱정하는 18세, 혈당/혈압 수치 걱정하는 81세.
아직 아무것도 모르는 18세, 벌써 아무것도 기억하지 못하는 81세.
자기를 찾겠다는 18세, 모두가 자기를 찾고 있다는 81세."

여기서 왜 하필 18세와 81세가 대비되었을까?

1940년대 박춘석 작곡의 〈낭랑(朗朗) 18세〉란 대중가요가 있다. 이때 낭랑(朗朗)이란 '밝고, 명랑한 18세의 청춘'을 뜻한다. 즉 18세란 나이는 청춘의 대명사이다. 이 사랑의 노래 가사에서 주인공 처녀는 18세로, 총각은 20세로 그려지고 있다. 아마 이 나이가 처녀, 총각의 절정을 이루는 연수인가 보다.

이 나이에는 무엇을 해도 그 존재 자체가 아름다움이다. 그래서 엘리너 루스벨트 여사는 그녀의 시에서 "아름다운 젊음은 우연한 자연현상"이지만, 아름다운 노년은 "예술작품"이라고 했으며, 잠언에서도 "젊은 자의 영화는 그의 힘이요, 늙은 자의 아름다움은 백발이니라." 했다.

이런 젊은 나이에 조선의 군왕들은 무엇을 했을까?

조선 21대 임금인 영조는 19세에 사서(四書)의 하나인 대학(大學)을 읽었다고 한다. 그가 대학을 읽고 쓴 '영조대왕 어제(英祖大王 御製)' 중 나이와 대학에 관한 이야기를 소개하면,

"나는 19세에 대학(大學)을 읽었고, 망칠(望七)의 나이에 (주자를) 추모함으로 인하여 세 번 강(講)할 적에 자기 몸을 돌이켜 요약하는 공부를 취하고자 해서 중용(中庸)을 순환하여 강(講)하고."

라는 말이 나온다.

이때 망칠(望七)이란 일흔을 바라본다는 뜻으로, 61세를 의미한다. 그러므로 망팔(望八)은 71세에서 80을 바라보는 나이이고, 망구(望九)란 81세로 90을 바라보는 나이를 말한다. 80세는 이미 황혼으로 접어든 인생이라 하여 모년(暮年)이라고도 한다. 영어 표현에는 '언덕을 넘어(Over the Hill)'라는 말이 있는데, 이는 인생의 절정을 지난 늙은이를 지칭하는 말이다. 즉

언덕 아래로 내려가는 일만 남은 나이를 말한다.

여기에서 '할머니'란 우리말과 한자어 '망구(望九)'가 합해져서 '할망구'란 말이 유래되었는데, 망구(90세)를 바라는 할머니라는 뜻이다. 흔히 이 말은 늙은 여자를 놀리거나 얕잡아 이르는 말로 '삼신 할망구', '꼬부랑 할망구', '마구(마귀) 할망구'란 말이 되었다고 한다.

그런데 왜 유독 할머니만을 가리키는 할망구라는 말만 있는가? 옛날에도 남자보다 여자의 평균 수명이 높았기 때문에 나이 든 할아버지보다 할머니들이 훨씬 더 많았던 연유로 인해 연세 많은 할머니만을 지칭하는 말로 굳어진 것이다.

90세는 또한 '모질(耄耋)'이라고 하는데, 모질의 한자는 '늙을 로(老)' 밑에 '터럭 모(毛)'를 씀으로써 몸에 난 터럭까지도 하나 남김없이 늙어 버렸다는 뜻이다.

그러고 보면 일본인의 낙서에서 노인을 상징하는 나이가, 단순히 18세를 거꾸로 만들어 시각적 효과를 그들이 노린 것이 아니라, 이처럼 할망구의 의미가 들어 있음을 알 수 있다.

한편 시편에서는, "우리의 연수가 칠십이요 강건하면 팔십이라도 그 연수의 자랑은 수고와 슬픔뿐이요 신속히 가니 우리가 날아가나이다."라고 시간의 화살이 너무 빨리 날아감을 아쉬워했다.

그 낙서와 같이 젊음은 우연한 자연의 현상과 힘의 아름다움이라면, 늙음이란 스스로 가꾸어야 하는 예술의 아름다움이다. 늙음이 위 낙서와 같이 무력한 존재로 어쩔 수 없이 전락하여 뭇사람들의 조롱이 되지 않으려면 스스로 관리하고 노력해야 할 것이다.

생각하면 생로병사(生老病死)의 수레바퀴를 벗어날 수 없는 것이, 우리의 인생일 것이다. 언젠가는 조상이 갔던 그 길로, 주님이 부르시면, 모두 차례차례로 가야 할 수밖에 없는 존재가 우리이다. 주님을 대면했을 때에 무슨 말로 이 땅의 나그네 생활을 보고해야 할까? 그저 나이만 드는 것을 바라며 살았다고 말할 수는 없다. 이제 대답은 우리 각자의 몫이다.

—크론베르그

희망사항

•

"나는 죽을 때 할아버지처럼
편안하게 잠든 상태에서 죽었으면 좋겠어요.
할아버지 차에 타서 고래고래 소리 지르고
울던 사람들처럼 말고요."

아버지의 기도

주여, 저의 자식이 이런 사람이
되게 하소서

약할 때 자신의 약함을 알 수 있을 만큼 강하게 하시고
두려울 때 자신을 직면할 수 있을 만큼 용감하게 하시고
정직한 패배에 당당하고 굴하지 않으며
승리에 겸손하고 온유한 사람이 되게 하소서.

소원하기보다 행동으로 보이며
주님을 알고
자신을 아는 것이 지식의 기본임을 아는 사람이 되게 하소서.

기도하오니

그를 편하고 안락한 길로 인도하지 마시고

고난과 도전의 긴장과 자극 속으로 이끌어 주소서.

폭풍 속에서 의연히 서 있는 법을 배우게 하시고

실패한 이들에 대한 연민을 알게 하소서.

마음이 깨끗하고 목표가 높은 사람이 되게 하소서.

남을 다스리기 전에 먼저 자신을 다스리는 사람

웃는 법을 알면서도 우는 법 또한 잊지 않는 사람

미래로 나아가지만 과거 또한 잊지 않는 사람이 되게 하소서.

그리고 이 모든 것이 이뤄진 후에도

넉넉한 유머감각을 더해 주셔서

늘 진지함을 잃지 않으면서도

너무 심각한 사람이 되지 않게 하소서.

그에게 겸손함을 주셔서

참으로 위대한 것은 소박함에 있고

참된 지혜는 열린 마음에 있으며

참된 힘은 온유함에서 나온다는 것을

늘 잊지 않게 하소서.

그리하여 그의 아버지인 저는 감히
"내 헛되이 살지 않았노라"고
속삭일 수 있게 하소서.

· ·

맥아더는 첫 번째 결혼에 실패하고, **1937**년에 재혼한 진 페어클로스와의 사이에 외아들을 뒀다. 그의 아들 아서 맥아더 **4**세는 뉴욕에서 색소폰 연주가로 활동하는 것으로 알려졌는데, 아버지의 그늘을 벗어나 평범하게 살기 위해 성을 바꿨다고 한다.

맥아더는 '아들을 애지중지하는 아빠(doting father)'였다. 그는 태평양 전쟁 초기에 '**A Father's Prayer**(아버지의 기도)'를 썼다.

끄트머리에
다가와 읽는
발 문

하나님이 나를 웃게 하시니 듣는 자가 다 나와 함께 웃으리로다

송길원 목사님을 뵈면 저절로 미소를 머금게 됩니다. 그 웃음은 내 입가에도 웃음을 전달하는 해피 바이러스입니다. 그 웃음은 마지못한 웃음이나, 운 좋은 일이 일어나 흐뭇해하는 수동적 웃음이 아닙니다. 나에게 평안을 묻고 평안에서 거하고 있는지 정중하게 묻는 인사입니다. 그 웃음은 심지어 가장 슬프고 목 놓아 울어야 할 때, 그 너머의 기쁜 세계를 상상하고 이룰 수 있다는 확신(確信)이며 미덕(美德)입니다. 그 웃음은 이제 걸음마를 시작한 아들을 보고 감동의 눈물이 만들어 내는 희망이며, 결혼하는 딸의 얼굴을 보고 대견해하는 부모의 자부심이며, 어머니의 이마에 깊이 팬 주름을 볼 때 우리의 눈에서 살며시 분출하는 감사의 눈물입니다.

웃음은 철학자들이나 신학자들에게 어울리지 않는 단어였습니다. 그리스 철학자들은 웃음을 원숭이를 모방하는 부도덕한 방종으로 치부하였습니다. 심각한 플라톤은 '웃음'을 상상할 수 없었습니다. 그에게 웃음은 우스꽝스러운 비겁이었습니다. 그것은 약자가 자신이 놀림을 당했을 때 보복하지 못하는 자조적이고 겸연쩍은 얼굴표정입니다. 그의 제자 아리스토텔레스도 웃음을 비관적으로 해석합니다. 웃음은 타인을 불편하게 만들지 않으려는 굴욕적이며 추한 모습이었습니다. 종교에서도 마찬가지입니다. 오늘날 우리가 이해하는 '웃음'이란 의미의 단어는 경전에도 거의 등장하지 않습니다.

'웃다'라는 의미를 지닌 그리스어 '겔라오(gelaō)'는 신약성서에서 딱 두 번 등장합니다. 모두 〈누가복음〉 6장에 등장하는 소위 '산상수훈'에서 '복과 화'를 선포하는 구절에서입니다.

> '지금 우는 자는 복이 있나니, 너희가 웃을 것이다.'(누가복음 6:12)
> '너희 지금 웃는 자여 너희가 애통하며 울리로다.'(누가복음 6:25)

'겔라오'라는 그리스 단어는 그전에도 등장했습니다. 기원전 750년경 기록된 것으로 추정되는 그리스어 최초 문헌인 호메로스의 작품《일리아스》와《오디세이아》에 등장합니다. '겔라오'는 이 작품들에서 '비웃다' '실소하다'라는 의미입니다. 호메로스의 웃음에 대한 부정적인 평가는 분명히 플라톤과 아리스토텔레스뿐만 아니라 후대 철학자들에게 영향을 끼쳤을 것입니다. 복음서 저자 '누가'가 이 부정적인 의미를 지닌 '겔라오'를 산상수훈이 지닌 함축성을 강조하기 위해 사용한 점은 특이합니다. 동일한 구절이 등장하는 〈마태복음〉에서는 '겔라오'라는 단어가 등장하지 않기 때문입니다. 마태는 '겔라오'를 '위안을 받다'라는 의미를 지니는 '파라칼레오(parakaleō)'라는 단어로 대치하였습니다.

누가는 어떤 히브리어 단어를 '겔라오'라는 그리스어로 번역했을까요? 그 단어는 '짜학(ṣāḥaq)'이란 단어입니다. 인간 감정에 관한 원초적인 단어이지만, 구약성서 저자들도 이 단어를 기피하였습니다. 전지전능한 신과 웃음이 어울리지 않기 때문입니다. '짜학'은 구약성서에 열세 번밖에 등장하지 않습니다. 그중, 아홉 번은 '이삭'과 관련된 이야기에 등장합니다. '짜학'의 용례를 가만히 살펴보면 해학(諧謔)적입니다. 절망적인 상황에서 희망이란 불씨를 담고 있기 때문입니다. 무의미하고 불행한 현실에 '삶의 의미'라는 희망을 노래합니다. 웃음은 가장 절망적인 늪에서 인간을 건져 구원할 생명줄입니다. 미래에 이루어질 희망을 상상하며 자신도 모르게 입가에 생기는 육체적이며 정신적인 안식입니다.

'짜학'이 만들어 낸 이야기가 〈창세기〉 18장입니다. 소위 '아브라함과 세 천사' 이야기입니다. 성서에 의하면 아브라함과 사라는 자신들의 삶의 터전인 메소포타미아의 우르를 떠나, 신이 지시하는 미지의 장소로 거룩한 여정을 시작합니다. 자신들이 어디로 가야 할지 모르지만, 자신을 안주하게 만든 보금자리를 떠나 '저 먼 곳'으로 여행을 감행합니다. 구약성서에 의하면, 그때 아브라함의 나이는 75세였고 사라의 나이는 65세였습니다. 인생을 마감해야 할 시점에, 이들은 불가능에 도전합니다. 신은 그들에게 하늘의 별처럼, 바다의 모래처럼 수많은 자손으로 복을 주겠다고 약속합니다. 아브라함과 사라는 이 약속을 믿고, 그 후 24년 동안 광야를 떠돌았습니다. 그들 사이에 자식은 없었고, 그들의 몸종 하갈을 통해 이스마엘만 무럭무럭 자라고 있는 암울한 상황이었습니다.

99세가 된 아브라함은 24년 전에 들은 신의 음성을 또렷이 기억하고 아직도 가슴에 품고 있었습니다. 그 믿음의 결실이 웃음입니다. 개미도 움직이기를 포기하는 중동의 뜨거운 대낮에 아브라함은 텐트 입구에서 자신의 삶을 회상하고 있었습니다. 그때, 신이 낯선 자 세 명의 모습으로 아브라함 눈앞에 나타났습니다. 인생 산전수전 다 겪은 아브라함은 이들이 사막에서 금방 죽겠구나라고 생각하며 불쌍히 여겼습니다. 그들에게 마실 음료와 음식이 없다면, 기진맥진하여 죽을 존재들이 분명하기 때문입니다. 아브라함은 역지사지(易地思之)하는 마음으로 그들을 보자마자, 바로 달려갑니다. 그리고 머리가 땅에 닿도록 절을 합니다. 그리고 이 낯선 자들에게 이상한 말을 던집니다.

"오, 나의 야훼여, 나의 신이시여! 저를 한번 시험해 보십시오. 당신은 나에게 신의 은총이 무엇인지 시험하러 오셨습니다. 만일 당신이 내가 그런 신의 은총을 발휘할 수 있다고 여기신다면, 저를 지나치지 마십시오. 저는 당신의 고통을 기꺼이 경감하도록 최선을 다해 보겠습니다."

아브라함은 저 기진맥진하여 금방 죽을지도 모르는 낯선 자들을 자신의 혈육처럼, 더 나아가 신으로 여겼습니다.

아브라함과 사라의 극진한 대접을 받는 낯선 자들이 아브라함에게 묻습니다. "당신의 아내, 사라는 어디에 있습니까?" 그는 대답합니다. "텐트 안에 있습니다." 그러자 그들 중 한 명이 신비한 말을 건넵니다. "적당한 정해진 시간이 되면 제가 당신에게 돌아오겠습니다. 그때 당신의 아내 사라는 아들을 낳아 기르고 있을 것입니다." 사라는 이 모든 대화를 그 사람 뒤, 텐트 입구에서 듣고 있었습니다. 89세 난 할머니가 임신하여 아이를 낳을 것이란 예언입니다. 사라는 텐트 안에서 이 모든 대화를 경청하고 있었습니다. 그러나 이 말을 들은 사라는 실소할 수밖에 없었습니다. 그녀는 말합니다. "나보다 내 몸에 대해 더 많이 아는 자가 누구인가?" 이 낯선 자의 덕담은 듣기에 좋지만 실현이 불가능한 이야기입니다.

낯선 자들 중 한 명이 자신의 신분을 드러냅니다. 바로 야훼입니다. 그가 아브라함에게 말합니다. "왜 사라가 웃으며(짜학), '내가 지금 늙었는데, 어찌 임신할 수 있느냐?'라고 말하느냐? 야훼신이 행하지 못할 놀라운 일이 있다는 말이냐? 기한이 되면, 내가 돌아올 것이다. 그 정해진 시간에 사라는 아들을 낳을 것이다." 사라는 두려워서 엉겁결에 대답합니다. "저는 웃지(짜학) 않았습니다." 그러자 야훼가 말합니다. "왜 그러느냐? 너는 분명히 웃었다(짜학)."

이 이야기에서 '짜학'은 앞으로 일어날 불가능한 일에 대한 체념뿐만 아니라 불가능을 넘어선 희망에 대한 단초를 담고 있습니다. 사라는 그 다음해 아들을 낳습니다. 그의 이름은 '이쯔학'입니다.

'이쯔학'은 '그가 웃는다' 혹은 '웃음을 짓는 아이'라는 의미로 한국어로는 '이삭'입니다. '웃음'은 혹독한 겨울을 인내하고 이제 막 싹을 틔우려는 봄기운입니다. 아무도 상상하지 못한 거친 땅에서 새싹이 돋아 올라옵니다. 웃음은 미래의 희망을 현재의 불가능에 심어 놓는 용기입니다.

—2020년 3월 2일, 설악면에서 배철현(고전학자, 전 서울대 교수)

내 인생의
라스트 신!!!

•
•
•

내 인생의
명대사_

Ⅶ

추모의 종을 치며

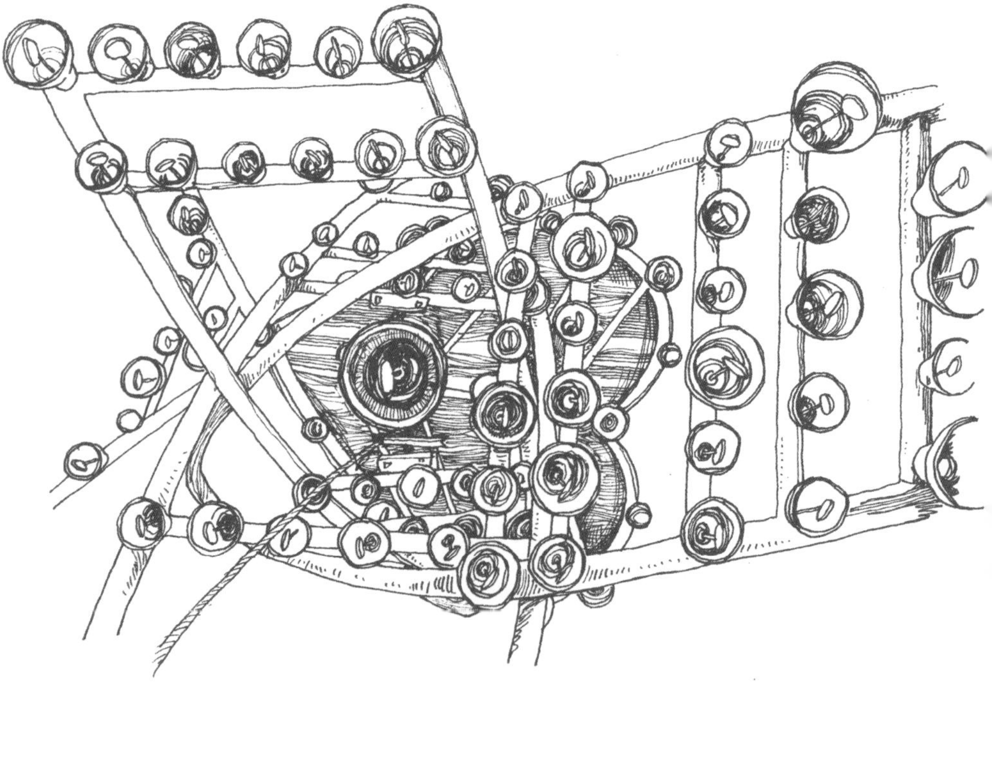

당신 없는 그 자리 많이도 허전합니다.
꼭 당신이 있어 메울 수 있는 빈자리
종소리로 대신 채워 봅니다.

하늘의 사랑과 땅의 사랑이 이어진다는
'러브 투 러브(love to love)'
당신과 영원히 하나이고파
힘차게 줄을 당깁니다.

너무 사치스러워 가슴에만 접어 둔 채
못다 했던 말, 이제 종소리에 담아 토해 냅니다.
'사랑합니다.' '고맙습니다.' '행복했습니다.'

당신이 사무치도록 그리운 날이면
또다시 이곳을 찾아
종을 치며 당신의 목소리 듣겠습니다.

네 가지 질문

미국의 작가 데이비드 브룩스가 쓴《소셜 애니멀》이란 책에서 주인공인 헤럴드가 죽기 직전에 자기 자신에게 물었던 네 가지 질문을 나 자신에게도 물어보곤 한다.

"나는 나 자신을 깊이 있는 존재로 만들었는가?"
"나는 미래 세대를 위해서 어떤 유산을 남겼는가?"
"나는 이 세속적인 세상을 초월했는가?"
"나는 사랑했는가?"

한 편의 영화처럼

우리들 인생의 라스트 신은 대개 우리의 의도와 상관없이 어느 날 갑자기 불쑥 찾아온다. 기승전결이 짜여져 있는 것도 아니다. 복선(伏線)이 깔려 있는 것도 아니다. 죽음은 기습적이다.

사람의 두뇌는 처음보다 마지막 모습을 오래 기억하고 더 잘 기억한다. 영화에서 오래 기억되는 것은 명대사다. 그리고 라스트 신이다.

모든 사람들이 소망하는 것이 있다. 자신의 라스트 신도 영화처럼 아름답게 기억되기를…….

끝내주는 라스트 신, 그의 인생도 끝내주는 인생이 된다.

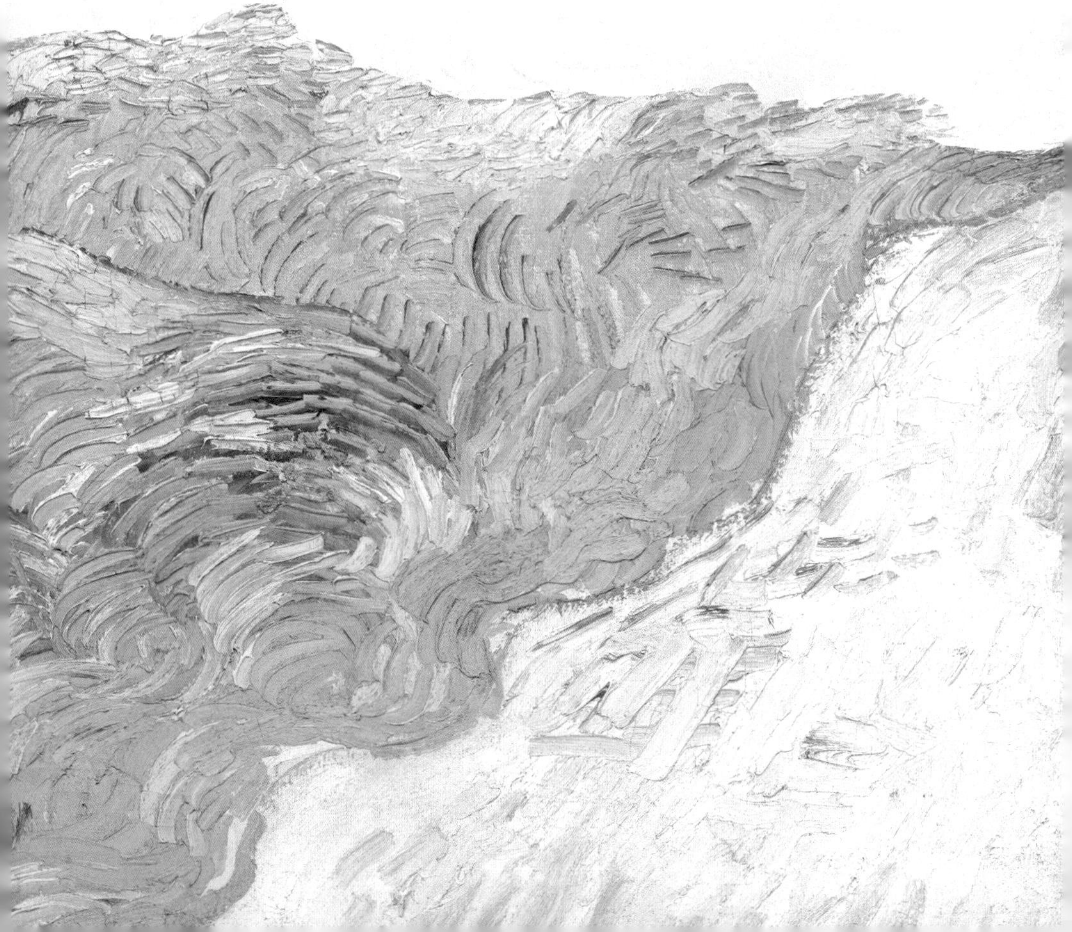

세 가지 소원

•

시드니 씨가 사망하고 한참의 시간이 흐른 후에, 그의 부인 레이첼이 친구들에게 남편이 얼마나 자상하고 사려 깊고 멋진 사람이었는지를 자랑했다.

"시드니는 정말 사려 깊은 사람이야! 그는 죽기 전에 나에게 봉투 3개를 주더니, 자신이 죽으면 그 안의 소원대로 해달라고 부탁했어!"

친구들이 그 봉투의 내용이 무엇이냐고 물었다.

"첫 번째 봉투에는 5천 불이 들어 있었고, 자신이 죽으면 멋진 관을 사 달라고 했지. 그래서 나는 편안하고 안락하고 아름다운 마호가니 관을 사 주었어.

두 번째 봉투에는 만 불이 들어 있었고, 자신의 장례식을 위해서 써 달라고 했어. 그래서 나는 아주 품위 있는 장례식과 그가 좋아하는 음식들을 준비했지."

친구들이 세 번째 봉투에 관해서 물었다.

"세 번째 봉투에는 2만 5천 불이 들어 있었고, 자신이 죽으면 아름다운 돌로 묘석을 만들어 달라고 했어. 그래서 나는 세상에서 가장 아름다운 이 돌을 샀어!"

레이첼이 펼쳐 보인 돌은…….

.

.

.

자신의 약지에 있는 10캐럿짜리 다이아몬드 반지였다.

지키지 못한 유언

•

다 죽게 된 여자가 남편에게 유언을 한다.

"나 죽걸랑 어떤 년하고도 재혼하지 마. 안 그러면 귀신이 되어 나타나겠어."

그러나 마누라 죽기만 기다리던 남편은 곧바로 재혼해 해피하게 살았다. 그러면서도 전처가 밤에 나타날까 봐 전전긍긍했다.

그러던 어느 날, 머리를 길게 풀어헤친 전처가 무서운 귀신이 되어 진짜로 나타났다.

"허걱! 난 안 오는 줄 알았지. 집을 못 찾았나, 왜 이제 나타났어?"

그러자 귀신이 하는 말.

"머리 하고 손톱 기르느라 늦었다, 왜? 나 기다렸냐?"

어느 가장의 임종

•

가게를 운영하는 한 가장이 그만 임종을 눈앞에 두게 되었다.

가족들이 그 앞에 둘러섰다. 아버지는 한 사람씩 이름을 부르기 시작했다.

"여보, 당신 어디 있소?"

"네, 여기 당신 곁에 있어요."

"아들은?"

"아버지, 저 여기 있습니다."

"딸은?"

"아빠, 저 여기 있어요."

그렇게 가족들의 이름을 다 부른 아버지가 일갈했다.

.

.

.

"그러면 가게는 누가 보고 있단 말이냐?"

I'm Free

나를 위해서 슬퍼하지 마십시오.
이제 나는 자유롭습니다.
하나님께서 마련하신 그 길을 따라갑니다.
하나님께서 부르실 때 그분의 손목을 붙잡았습니다.

나는 모든 것을 남기고 되돌아섰습니다.
나는 하루도 더 머무를 수 없습니다.
더 이상 웃고 사랑하고 일하고 뛰놀 수 없습니다.
못다 한 일은 그대로 두고 가야 합니다.

하루가 저무는데 나는 평안합니다.
내가 떠난 후의 공백은
나로 인해 기억되는 기쁨으로 채워 주십시오.
친구와의 사귐과 웃음, 입맞춤
그래요. 이 모든 것을 나도 그리워할 것입니다.
슬픔으로 너무 부담이 되지 않기를 바랍니다.
나는 당신들에게 눈부신 내일의 태양이 비추기를 바랍니다.

내 삶은 넉넉했습니다.
나는 좋은 친구들, 좋은 시간들,
사랑하는 사람의 손길,
많은 축복을 받았습니다.

아마도 나의 시간이 너무 짧았던 것 같습니다.
그러나 부질없는 슬픔으로 내 시간을
연장시키지 말아 주십시오.
하나님께서 나를 원하십니다.
나를 자유롭게 하셨습니다.

죽는 것은 처음

•

평생에 우스운 소리를 많이 한 정만서가 임종 때 한 말은 더욱 유명하다.

병이 중하여 더 어찌할 수 없게 되었을 때 친구 한 사람이 문병을 와서 자못 슬픈 표정을 지으며 이렇게 물었다.

"여보게, 좀 어떤가?"

.

.

.

"글쎄, 처음 죽는 게 돼 놔서 죽어 봐야 알겠네."

내가 죽거든

●

할머니께서 임종을 앞두고 유언을 하신다.

"내가 죽거든 ○○백화점 앞에다 묻어 다오."

"흑흑, 어머니 무슨 말씀이세요?"

.

.

.

"그래야 에미가 매일 올 거 아니냐?"

압살롬의 비석

"압살롬이 살았을 때에 자기를 위하여 한 비석을 마련하여 세웠으니 이는 그가 자기 이름을 전할 아들이 내게 없다고 말하였음이더라. 그러므로 자기 이름을 기념하여 그 비석에 이름을 붙였으며 그 비석이 왕의 골짜기에 있고 이제까지 그것을 압살롬의 기념비라 일컫더라."

—삼하 18:18

"충격을 받은 왕은 마음이 찢어질 듯 아파서, 문 위의 방으로 올라가 슬피 울었다. 그는 울면서 이렇게 부르짖었다.

내 아들 압살롬아, 내 사랑하는 압살롬아!
차라리 너 대신 내가 죽을 것을, 어째서 너란 말이냐.
압살롬아, 내 사랑하는 아들아!"

— 삼하 18:33 TMB

부모님의 평생 소원

•

몇 년 전에 뉴욕에 살던 한 코미디언이 죽기 전에 이런 유언을 남겼다.

"내가 죽으면 내 시체를 해부실습용 대상으로 기증하겠소. 특별히 하버드 대학으로 보내 주길 바라오."

그 이유를 묻자 그가 답했다.

.

.

.

"이것이 부모님의 소원을 들어 드릴 수 있는 유일한 방법이기 때문이오. 부모님의 평생 소원은 내가 하버드 대학에 들어가는 것이었소."

어느 묘비명

•

"반송(返送)-개봉하지 않았음"

— 평생 처녀로 산 어느 우체국장의 묘비명

"모진 세월 가고
아아 편안하다 늙어서 이리 편안한 것을
버리고 갈 것만 남아서 참 홀가분하다."

— 박경리, 〈옛날의 그 집〉 중에서

불사신

•

《인간과 초인》이라는 작품으로 극작가의 명성을 얻은 조지 버나드 쇼. 그는 사회의 여러 문제에도 깊은 관심을 보여 날카로운 풍자와 역설로 현대문명을 비판한 작가로도 유명하다. 1925년 노벨문학상을 수상한 그는 생을 마감할 때까지 재치와 유머를 잃지 않았다.

어느 날 버나드 쇼와 친구인 작가 찰스 다튼이 만났다. 버나드 쇼는 깡마른 반면에 찰스 다튼은 비만에 가까운 거구였다. 버나드 쇼의 깡마른 체구를 못마땅하게 생각한 찰스 다튼이 한마디했다.

"남들이 자네를 보면 우리나라가 대기근에 시달리는 줄 알겠어."

그 말을 들은 버나드 쇼는 싱글벙글 웃으며 대답했다.

"남들이 보면 자네 혼자 대기근을 일으켰다고 믿을걸세. 내 기근의 원인이 자네한테 다 있지 않은가."

한번은 버나드 쇼가 병이 나서 심하게 앓았다. 가까스로 회복한 그가 신문사에 들렀다. 마침 편집국장은 자리에 없었고 책상 위에는 '불사신 조지 버나드 쇼, 간밤에 사망'이라는 제목의 추도사가 놓여 있었다. 그는 곧 그

원고 아래 다음과 같은 말을 적었다.

"왜 당신들은 죽음의 신보다 서두르는가? 당신들도 알다시피 불사신이란 죽지 않는다. 나도 죽지 않고 살아 있다."

조지 버나드 쇼
George Bernard Shaw

칸트의 마지막 말

임마누엘 칸트(1724~1804)는 수십 년 동안 규칙적으로 산책했다. 사람들은 그가 산책하는 것을 보고 시간을 짐작했다고 한다.

그랬던 칸트도 임종이 가까워지자 침대에 누워 있을 수밖에 없었다. 하물며 먹을 수도 없었다. 하인은 칸트가 목이 마를까 봐 설탕물에 포도주를 타서 숟가락으로 조금씩 떠 먹였다.

어느 날 칸트가 더는 그것을 마시고 싶지 않다는 뜻으로 "이제 그만"이라고 말했다. 그것이 칸트가 남긴 마지막 말이었다.

마지막 소망

•

"돌아가신 뒤 바다에 묻어 달라고요?"

"네."

"왜 하필이면 바다에 묻어 달라고 하신 건가요?"

.

.

.

"마누라가 사흘이 멀다 하고 내가 죽으면 무덤 위에서 춤을 추겠다고 해서……. 바다 위에서 맘껏 춤춰 보라지요, 뭐."

어머니의 유언

아들아, 보아라.
나는 원체 배우지 못했다.
호미 잡는 것보다 글 쓰는 것이 천만 배 고되다.
그리 알고, 서툴게 썼더라도 너는 새겨서 읽으면 된다.

내 유품을 뒤적여 네가 이 편지를 수습할 때면
나는 이미 다른 세상에 가 있을 것이다.
서러워할 일도 가슴 칠 일도 아니다.
가을이 지나고 겨울이 왔을 뿐이다.
살아도 산 것이 아니고, 죽어도 죽은 것이 아닌 것도 있다.
살려서 간직하는 건 산 사람의 몫이다.
그러니 무엇을 슬퍼한단 말이냐.

나는 옛날 사람이라서 주어진 대로 살았다.
마음대로라는 게 애당초 없는 줄 알고 살았다.
너희를 낳을 때는 힘들었지만,
낳고 보니 정답고 의지가 돼서 좋았고,
들에 나가 돌밭을 고를 때는 고단했지만,
밭이랑에서 당근이며 무며 감자 알이 통통하게
몰려나올 때 내가 조물주인 것처럼 좋았다.
깨 꽃은 얼마나 예쁘더냐. 양파 꽃은 얼마나 환하더냐.
나는 도라지 씨를 일부러 넘치게 뿌렸다.
그 자태 고운 도라지 꽃들이 무리 지어 넘실거릴 때
내게는 그곳이 극락이었다.
나는 뿌리고 기르고 거두었으니 이것으로 족하다.

나는 뜻이 없다.
그런 걸 내세울 지혜가 있을 리 없다.
나는 밥 지어 먹이는 것으로 내 소임을 다했다.
봄이 오면 여린 쑥을 뜯어다 된장국을 끓였고,
여름에는 강에 나가 재첩 한 소쿠리 얻어다
맑은 국을 끓였다.
가을에는 미꾸라지를 무쇠 솥에 삶아 추어탕을 끓였고,
겨울에는 가을 무를 썰어 칼칼한 동태탕을 끓여냈다.
이것이 내 삶의 전부다.

너는 책 줄이라도 읽었으니 나를 헤아릴 것이다.
너 어렸을 적, 네가 나에게 맺힌 듯이 물었었다.
이장집 잔치 마당에서 일 돕던 다른 여편네들은
제 새끼들 불러 전 나부랭이며 유밀과 부스러기를
주섬주섬 챙겨 먹일 때
엄마는 왜 못 본 척 나를 외면했느냐고 내게 따져 물었다.
나는 여태 대답하지 않았다.
높은 사람들이 만든 세상의 지엄한 윤리와 법도를 나는 모른다.
그저 사람 사는 데는 인정과 도리가 있어야 한다는 것만 겨우 알 뿐이다.
남의 예식이지만 나는 그에 맞는 예의를 보이려고 했다.
그것은 가난과 상관없는 나의 인정이었고 도리였다.
그런데 네가 그 일을 서러워하며 물을 때마다
나도 가만히 아팠다.
생각할수록 두고두고 잘못한 일이 되었다.
내 도리의 값어치보다 네 입에 들어가는 떡 한 점이
더 지엄하고 존귀하다는 걸 어미로서 너무 늦게 알았다.
내 가슴에 박힌 멍울이다.
이미 용서했더라도 애미를 용서하거라.
부박하기 그지없다.

네가 어미 사는 것을 보았듯이 산다는 것은 종잡을 수가 없다.
요망하기가 한여름 날씨 같아서

비 내리겠다 싶은 날은 해가 나고,
맑구나 싶은 날은 느닷없이 소낙비가 들이닥친다.
나는 새벽마다 물 한 그릇 올리고
촛불 한 자루 밝혀서 천지신명께 기댔다.
운수소관의 변덕을 어쩌진 못해도
아주 못살게 하지는 않을 거라고 믿었다.

물살이 센 강을 건널 때는 물살을 따라 같이 흐르면서 건너야 한다.
너는 네가 세운 뜻으로 너를 가두지 말고,
네가 정한 잣대로 남을 아프게 하지도 마라.
네가 아프면 남도 아프고, 남이 힘들면 너도 힘들게 된다.
해롭고 이롭고는 이것을 기준으로 삼으면 아무 탈이 없을 것이다.

세상 사는 거 별 거 없다. 속 끓이지 말고 살아라.
너는 이 애미처럼 애태우고 참으며 제 속을 파먹고 살지 마라.
힘든 날이 있을 것이다.
힘든 날은 참지 말고 울음을 꺼내 울어라.
더없이 좋은 날도 있을 것이다.
그런 날은 참지 말고 기뻐하고 자랑하고 다녀라.
세상 것은 욕심을 내면 호락호락 곁을 내주지 않지만,
욕심을 덜면 봄볕에 담벼락 허물어지듯이 허술하고
다정한 구석을 내보여 줄 것이다.

별 것 없다. 체면 차리지 말고 살아라.
왕후장상의 씨가 따로 없고 귀천이 따로 없는 세상이니
네가 너의 존엄을 세우면 그만일 것이다.
아녀자들이 알곡의 티끌을 고를 때 키를 높이 들고 바람에 까분다.
뉘를 고를 때는 채를 가까이 끌어당겨 흔든다.
티끌은 가벼우니 멀리 날려 보내려고 그러는 것이고,
뉘는 자세히 보아야 하니 그런 것이다.
사는 이치가 이와 다르지 않더구나.

부질없고 쓸모없는 것들은 담아두지 말고
바람 부는 언덕배기에 올라 날려 보내라.
소중하게 여기는 것이라면 지극히 살피고
몸을 가까이 기울이면 된다. 어려울 일이 없다.
나는 네가 남보란 듯이 잘 살기를 바라지 않는다.
억척 떨며 살기를 바라지 않는다.
괴롭지 않게, 마음 가는 대로 순순하고 수월하게 살기를 바란다.

혼곤하고 희미하구나.
자주 눈비가 다녀갔지만 맑게 갠 날,
사이사이 살구꽃이 피고 수수가 여물고 단풍 물이 들어서 좋았다.
그런대로 괜찮았다. 그러니 내 삶을 가여워하지도 애달파하지도 마라.

부질없이 길게 말했다.

살아서 한 번도 해본 적 없는 말을 여기에 남긴다.

나는 너를 사랑으로 낳아서 사랑으로 키웠다.

내 자식으로 와 주어서 고맙고 염치없었다.

너는 정성껏 살아라.

— 림태주 시인의 글

어머니의 마지막 농담

•

니콜의 어머니는 암으로 5년간 투병하다 2013년 69세의 나이로 사망했다.

임종 직전, 어머니는 홀로 남은 남편에게 욕실의 작은 화분에 담긴 식물을 잘 키워 달라고 부탁했다.

이후 니콜의 아버지는 아내의 유언에 따라 매일 화분에 물을 주며 정성껏 관리했다.

몇 년 후, 니콜의 아버지가 양로원에 들어가기로 결정하면서 가족들이 이삿짐을 옮기던 중에 니콜은 깜짝 놀랄 만한 사실을 발견했다. 아버지가 정성껏 키우던 식물이 살아 있는 식물이 아닌 장식용 플라스틱 식물이었던 것. 니콜의 아버지는 가짜 식물인 줄도 모르고 수년간 물을 주며 정성껏 키웠던 것이다.

니콜은 "화분의 정체를 발견한 후 가족 모두가 한참을 웃었다"며 이렇게 말했다.

"어머니는 자신의 농담 섞인 유언을 수년째 지킨 아버지의 모습에 행복해했을 것이다."

삶이란 선물

•

몇 년 전 시애틀타임스는 61세의 나이로 세상을 떠난 여성 작가 제인 로터의 부고를 실었는데, 이 부고를 쓴 사람은 바로 작가 자신이었다.

그는 삶이란 선물을 받았고 이제 그 선물을 돌려주려 한다면서 남편에게 쓴 유언에 이렇게 말했다.

"당신을 만난 날은 내 생에 가장 운 좋은 날이었다."

지나가는 이여

백년전쟁 때 영국의 태자였던 에드워드의 묘비에는 다음과 같은 글이 있다.

"지나가는 이여! 나를 기억하라! 지금 그대가 살아 있듯이 한때는 나 또한 살아 있었노라! 내가 지금 잠들어 있듯이 그대 또한 반드시 잠들리라."

헨리 8세의 딸로서 왕위에 오른 엘리자베스 1세는 어려운 여건 속에서 훌륭한 정치수완을 발휘해 영국의 왕정을 반석에 올려놓았다. 그러나 그 역시 묘비명에는 다음과 같은 짧은 말을 남겼다.

"오직 한순간 동안만 나의 것이었던 그 모든 것들!!"

유언시

인생은 귀한 것이고 참으로 아름다운 것이란 걸
너희들도 이미 알고 있을 터
하루하루를 이 세상 첫날처럼 맞이하고
이 세상 마지막 날처럼 정리하면서 살 일이다
부디 너희들도 아름다운 지구에서의 날들
잘 지내다 돌아가기를 바란다
이담에 다시 만날지는 나도 잘 모르겠구나

—나태주

그는 요즘 자신의 묘비명을 생각하고 있다. 원래는 자신의 시 〈풀꽃 1〉을 묘비명으로 하려 했다. 그런데 영화 〈세상에서 가장 아름다운 이별〉(2011)의 마지막 장면에서 〈풀꽃 1〉이 묘비명으로 나오는 바람에 묘비명을 다시 구상해야 했다. 새롭게 정한 묘비명은 '많이 보고 싶겠지만 조금만 참자'이다. 그는 "매일 내 마지막 날이라고 생각하며 아침저녁으로 시 원고를 본다"고 말했다.

나, 어제 너와 같았으나
너, 내일 나와 같으리라

Hodie Mihi Cras Tibi

Hodie Mihi
Cras Tibi

묘비명을 통해 얻는 삶의 지혜

•

이슬람 수피족은 병이 났을 때 의사를 찾기보다 같은 병을 앓았다가 나은 사람을 찾아간다. 더 현실적인 처방을 얻을 수 있다는 생각에서다.(샘이 깊은 물, 한솔)

여행이 그렇다. 지도나 안내책자보다 그곳을 다녀온 사람의 정보가 더 정확하다. 인생길이 그렇다. 세상을 하직한 사람에게 조언을 구하는 방법도 있다. 그들의 유언이나 묘비명을 통해서다.

죽은 자는 말이 없지만 그들이 생전에 염원하며 몸부림쳤던 자취는 묘비명으로 남아 말을 걸어온다. 망자의 회한과 깨달음을 통해 어느 가르침보다 더 많은 것을 배울 수 있다.

《돈키호테》에 나오는 돈키호테의 묘비명은 이것이다.

"죽을 땐 현명한 사람 돼 죽고,
살 때는 미친 듯이 살라."

Morir cuerdo, y vivir loco.

"에이, 괜히 왔다 간다."

— 중광스님

"나는 창조주께 돌아갈 준비가 됐다.
창조주께서 날 만나는 고역을 치를
준비가 됐는지는 내 알 바 아니다."

— 처칠

"인생이란 낯선 여인숙에서의 하루와 같다."

— 테레사 수녀

"후세 사람들이여,
나의 휴식을 방해하지 마시오."

— 예언가 노스트라다무스

"내가 죽으면 술통 밑에 묻어 줘.
운이 좋으면 술통 바닥이 샐지도 몰라."

— 일본 선승 모리아 센얀

"돌아오라는 부름을 받았다."

— 에밀리 디킨슨

"일어나지 못해서 미안하네."

— 헤밍웨이

"Don't try(괜히 애쓰지 마)."

— 찰스 부코스키

"나는 아쉬울 것 없노라."(시편의 한 구절)

— 김수환 추기경

"사랑은 가고 옛날은 남는 것."

— 박인환 시인

"필생즉사(必生卽死), 필사즉생(必死卽生)."

— 이순신 장군

"나는 어머님의 심부름으로 이 세상에 왔다가
어머님의 심부름을 다 마치고
어머님께 돌아왔습니다."

— 조병화 시인

"나 하늘로 돌아가리라.
아름다운 이 세상 소풍 끝나는 날,
나 가서 아름다웠다고 말하리라."

— 천상병 시인

안개와 묘비명과

아무리 궁리해 본다 한들
타인보다 낯선 것이 내 뒷모습이다.
묘비명은 단 두 줄.

하루는 지나갔다.
인생은 지루했다.

— 이응준

· ·

나의 것을 오히려 내가 더 잘 모르는 것이 우리네 삶인지도 모른다. 어디 나의 뒷모습뿐이겠는가. 내가 잘 모르는 나의 것들이. 나와 너, 하늘과 땅, 이승과 저승, 삶과 죽음, 그 모든 경계가 모호한 안개, 그 속에 덩그마니 서 있는 묘비명. 그래서 그 묘비명에 쓸 수 있는 말은 단 두 줄뿐이라고 시인은 말한다.

'하루는 지나갔다. 인생은 지루했다.'

타인보다도 더 낯선 뒷모습을 하고 살아온 날들, 그렇게 지나간 우리의 한 생애, 우리의 삶. 어쩌면 지루했던 그 어떤 날의 그 하루였었는지도 모른다.

—윤석산(尹錫山) 시인

구사일생

•

유언은 꿈이다. 소망이다. 기도다. 유언은 나를 나 되게 한다. 유언은 나침반이고 등불이다. 나는 떠나도(leaving) 말은 살아서(living) 마알, 마음의 알갱이가 된다. 그래서 유언은 내가 아끼고 사랑했던 이보다 먼저 그가 되게 한다.

아홉 번 죽고(어) 한 번 산다는 구사일생(九死一生). 죽음에서 나를 구해 생명을 살 수 없을까?

매일 거짓을 밥 먹듯 하고 사는 것도 모자라 거짓말의 날까지 만들어 거짓을 껴입는 만우절(4월 1일)을 뒤집어 보았다. 〈求4.1生〉 일명, 유언의 날이다. 죽음 앞에 섰을 때 사람은 가장 진실해진다. 삶의 성찰과 함께 인문학적 사고에 물든다.

1. 비채(비움과 채움)의 삶을 살자.

비워라. '만음'(萬音-만 가지를 소유하고픈 마음의 소리)과 '마음'(魔音-나를 유혹하는 집착과 절망과 게으름, 열등감 등)에서 벗어나라. 유언장은 더부룩한 속

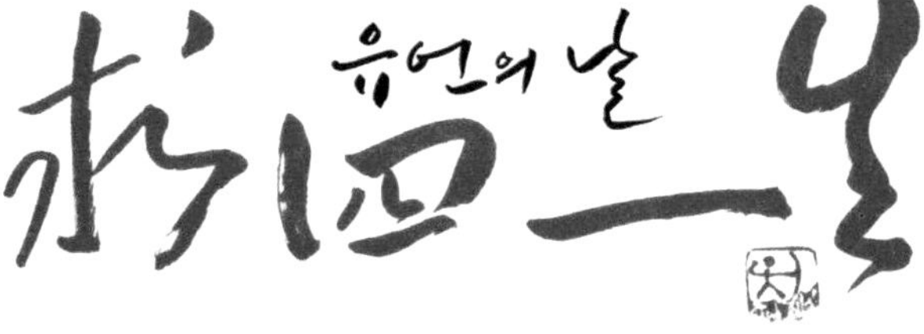

을 비우는 마음의 관장(灌腸)이다. '비움'(Void)이 있어야 '채움'(Solid)이 있다. 비채로 영혼의 들숨날숨을 쉬자.

2. 사색의 시간을 갖자.

남이 그려 놓은 초상화에 불평하기 전에 내가 내 자화상을 그리기 위해 사색의 시간이 필요하다. '싱크 위크'(think week), '싱크 타임'(think time)이 필요하다. 현대인의 출애굽은 핸드폰과 인터넷에서 벗어나는 일이다. 심지어 가족들로부터도 벗어나 마음의 광야를 찾아보라. 거기 내가 있다. 삶의 이유가 있다.

3. 무덤을 찾아보자.

'1900. 5. 5. 出~2014. 4. 1. 卒'

잔물결(~) 하나에 불과하다는 인생. 현충원이나 무덤을 찾아보라. 자궁(움, womb)과 무덤(툼, tomb)이 'w'와 't'의 한 자 차이인 이유를 스스로에게 물어보라. 망자와 소통을 시도해 보라. 비문이 말을 걸어온다.

4. 이력서를 다시 쓰자.

스펙(specification)보다 스토리(story)를 찾아보라. 비로소 '올라온 높이'가 아니라 '헤쳐 나온 깊이'가 보인다. 사랑하기 '때문'이 아니라 사랑하기 '위해' 살아온 사랑의 이야기가 몇 페이지나 되나?

5. 무덤을 정리하자.

오늘날 집들은 무덤으로 공동묘지화 되어 있다. 옷 무덤, 신발장 무덤, 액세서리 무덤……. 2년 동안 손도 대지 않은 옷이나 신발은 평생 거들떠보지도 않을 것들이다. '스페이스 클리어링'(Space-Clearing)이야말로 비움의 지름길이다.

6. 마음껏 울어라.

울고 싶어도 마음대로 울 수조차 없던 서러운 시집살이, 동네 상(喪)이 생기면 마음껏 곡(哭)을 할 수 있었다. 과거, 동네 상(喪)은 그 자체가 힐링캠프였다. 나를 위한 나만의 힐링캠프, 한 번쯤 어린아이처럼 울어라. 그래야 어른처럼 일어설 수 있다.

7. 감사를 드려 보아라.

'푸들사베'나 '비파' 같은 아름다운 아마존 열대어를 열대어 되게 하는 것은 이빨 있는 물고기라 불리는 '피라니아'다. 내 삶을 게으르지 않게 끊임없이 긴장시켰던 피라니아 인간들을 찾아보라. 그들이 내 삶의 역동성이며 에너지였다. 감사로 메아리쳐 주어라.

8. 세족식을 해보자.

이력서(履歷書)란 '발 이(履)', '다닐 력(歷)', '기록 서(書)'다. 발로 걸어 다닌 역사인 셈이다. 내 배우자와 자녀들의 발을 씻겨 보아라. 살아온 세월의 이끼와 나이테를 어루만지는 것만으로도 우리는 치유와 회복을 몸으로 느낄 수 있다.

9. 이제는 남길 차례다.

유산(inheritance)이란 '상속재산'만이 아닌 '유전적 체질'이란 의미까지 담고 있다. 내가 남기고 떠날 유산 목록을 작성해 볼 차례다. 마지막으로 '○○○ 무형문화재'(?)로 자신의 이름을 등재해 보라. 기왕이면 자명(自銘-스스로 적는 비문)까지 남겨라. 아니면 내 생애를 관통했던 나침반 같은 잠언이라도 넘겨주어라.

10. 버킷 리스트로 전환을 해보라.

늙었다고 해서 꿈이 사라지는 것은 아니다. 오히려 꿈꾸기를 멈추기 때문에 늙게 된다. 꿈꾸자. 그리고 재미있게 살자. 너무 많은 사람들이 죽은 채로 살아간다. 이제라도 살기 위한 버킷 리스트를 작성해 보자.

#유언의 날

씨앗이 죽지 않으면 나무가 살지 못하고,
알이 깨지지 않으면 새가 날지 못한다.

여행

중국의 동산선사는 살아 있을 때는 철저하게 삶에 충실하고 죽을 때는 철저하게 죽음에 충실하라고 가르쳤다.

그가 죽기 전 남긴 말은 이랬다.

"이생은 멋진 여행이었다. 다음 생은 어떤 여행이 나를 기다리고 있을까?"

내 인생의 라스트 신(last scene)을 위한 기도

헨리 8세는 자신의 이혼 문제로 로마 교황청과 불화를 빚는다. 영국의 교회를 로마 교황청으로부터 독립적인 교회로 바꾼다. 영국 성공회의 탄생이다.

스스로 성공회 수장이 된다. 1533년 6월, 헨리 8세의 새 부인인 앤 볼린 왕비의 대관식이 열렸다. 민심은 흉흉했다. 왕은 국민들의 신망이 두터운 토머스 모어(Thomas More, 1478~1535)에게 기댄다. 이혼에 동의하지 않고 대법관직을 내던진 모어는 여전히 동의하지 않는다.

모어는 런던 타워에 투옥된다. 재산은 몰수된다. 가정은 파탄이 난다. 눈물겨운 아내의 설득도 거부한 채 단두대에 선다.

사형집행인은 모어의 목을 베기가 두려워 떤다. 오히려 모어가 타이른다.

"그대는 내 목을 베는 것이 국가에 대한 충성이다. 나는 그대의 칼에 죽는 것이 우리 하느님에 대한 충성이다."

그리고 자신의 길고 멋진 수염을 쓰다듬으며 말한다.

“이 수염만은 자르지 말게. 이 수염은 반역죄를 범하지 않았다네.”

그가 쓴 유명한 작품 《유토피아》가 그의 죽음으로 완성되는 순간이었다.

1535년 7월 6일의 일이다.

이 세상에 이보다 더 멋있는 라스트 신(last scene)이 또 있을까?

나는 모어를 영국의 정치가 · 인문주의자로보다 해학 취미의 소유자로 기억한다. 그리고 오늘도 그의 기도문으로 하루를 기도한다.

유머를 위한 기도

주님, 제게 좋은 소화 능력과
아울러 소화하기 좋은 음식을 내려 주소서

제게 건강한 신체와
이를 유지할 좋은 유머를 허락하소서

선한 것을 소중히 여길 줄 알고
악을 보고서 쉽게 겁먹지 말며
오히려 제자리로 돌아갈 길을 찾을 수 있는
단순한 영혼을 주소서

제 영혼이 지루함, 불평불만, 한숨, 탄식을 알지 못하게 하시고
'나 자신'의 문제로 너무 스트레스 받지 않게 해 주소서

주님, 제게 좋은 유머감각을 주시어
농담을 통해 삶의 작은 기쁨들을 발견하고
제 이웃들과 이를 나눌 수 있는 은총을 내려 주소서.

이렇게 매일을 보내다 보면 나도 그처럼 멋있는 라스트 신으로 내 생애를 마무리할 수 있을 것이다. 나의 간절한 소망이다.

후기(後記)에 대한 생각

'끄트머리?' 그래, 끝은 언제나 '머리'다

중세 유럽, 왕이 서거하면 소리쳤다. "왕이 죽었다, 국왕 만세(The king is dead, long live the king)!" 죽은 사람을 놓고 오래 살라고 하다니……. 왕에 대한 반역죄가 아닌가 여길 때가 있었다. 한참 뒤에야 깨우쳤다. '왕은 죽었다. 왕권은 만세토록 계속된다.'라는 것을. 그렇다. 죽음은 죽음으로 끝나지 않는다. 죽음과 함께 새로운 탄생, 시작이 있다.

이런 해석이 붙어야만 이해되는 서양과 달리 우리말에는 '끄트머리'가 있다. 끄트머리란 '끝'과 '머리'가 합쳐진 말이다. 영어의 'ending'이나 한자의 '終'과 달리 '끝에서 시작을, 시작에서 끝'을 바라보는 통섭의 언어다.

끄트머리는 언제나 희망이다. '마른 행주 짠다고 물 나오나?'라고 비아냥거린다. 아니다. '우린 마른 행주로 거울 닦고, 잉크 찍어 그림 그린다.' '버스 지난 다음에 손 든다고?' 그도 틀렸다. '버스 지난 다음에 택시 잡는다.' 어쩔 텐가? 인생의 막바지요 낭떠러지라고 여겼던 희망의 끝이 실은 골목이 꺾이는 길모퉁이일 뿐인 것을.

끄트머리는 대 역전의 드라마다. 잠드는 저녁을 생각해 보라. 하늘 높이 있던 머리는 바닥으로 눕는다. 대신 발이 하늘을 향한다. 두 팔 벌려 만세를 한다.

내가 사랑하는 친구 중 법관이 있다. 장애를 가졌다는 이유로 임용이 늦어졌다. 동기들의 끝만을 따라다녔다. 지방판관으로만 맴돌았다. 그런데 어느 날 하나님이 호령하셨다. '제자리 서' 이어 '뒤돌아'라는 명령과 함께 '앞으로 가'라고 하는 순간, 자신이 1등이 되어 있더라고 했다. 꼴찌여서 1등이 될 수 있었다는 거다. 동기들 중 가장 먼저 대법관 자리에 올랐다. 김신 전 대법관 이야기다.

세계에서 두 번째로 못살던 나라가 세계 경제대국 10위가 된 것이야말로 불가사의 중 불가사의다. 세계인들은 여전히 궁금해한다. 끄트머리의 유전자 덕이다. 서양인들은 희망(Hope)을 이렇게 풀이한다. 'Hold on, Pain ends(끝까지 참아 내, 시련은 끝날 거니까)!' 우린 긴말이 필요 없다.

'끄트머리', 언제나 시작이다.

부록

소담활인(笑談活人)으로 살기 위한 임종 유머 베스트 12

첨단 과학의 총아라고 하는 뇌과학조차 확실한 메커니즘을 밝혀 내지 못하고 있는 것이 웃음이다. 베일에 갇힌 웃음, 그러고 보면 웃음의 세계는 신비다. 하나님이 주신 최고의 선물은 웃음이 아닌가? 웃음은 곧 영성(靈性)이다.

이탈리아어에 '페카토 모르탈레(peccato mortale)'란 말이 있다. '용서 받지 못할 죄'를 일컫는다. 라틴어 '페카툼 모르탈레(peccatum mortale)'가 어원이다. 로마 가톨릭에서 사용하는 교회 용어다. 대죄(죽을 죄)를 말한다. 무엇이 '페카토 모르탈레'일까?

하루에 한 번도 웃지 않고 사는 것이 첫째고, 남을 한 번도 기쁘게 해본 일이 없는 인생이 두 번째다.

"대역죄인(大逆罪人)으로 (한 방에) '갈' 것인가? 소담활인(笑談活人)으로 '살' 것인가? 그것이 문제로다."

유머 바이러스

임종 유머 베스트 01

사흘만

예수님이 십자가에 돌아가신 바로 다음 날, 한 친구가 아리마대 요셉을 다그친다.

"자네 미쳤나? 비싼 돈 들여 새로 단장한 아까운 무덤을 예수한테 내주다니……."

친구의 핀잔에 아리마대 요셉이 대꾸한다.

·

·

·

"걱정 말게, 친구. 주말에 딱 사흘간만 잠시 쓰겠다 했네."

유머 바이러스

임종 유머 베스트 02

죽는 것은 처음

평생에 우스운 소리를 많이 한 정만서가 임종 때 한 말은 더욱 유명하다.

병이 중하여 더 어찌할 수 없게 되었을 때 친구 한 사람이 문병을 와서 자못 슬픈 표정을 지으며 이렇게 물었다.

"여보게, 좀 어떤가?"

·

·

·

"글쎄, 처음 죽는 게 돼 놔서 죽어 봐야 알겠네."

유머 바이러스

임종 유머 베스트 03

갈매기의 죽음

네 살짜리 사내아이가 아빠와 바닷가에 갔다. 그런데 모래 위에 갈매기가 죽어 있는 것이었다.

꼬마가 아빠에게 물었다.

"아빠, 이 새 왜 이렇게 되었어요?"

아빠가 아들에게 말하길,

"아들아, 새가 죽어서 하늘나라 간 거야."

그러자 꼬마가 물었다.

"그런데 하느님이 여기 다시 던져 버렸어요?"

유머 바이러스

임종 유머 베스트 04

코로나 상담

자가 격리가 길어지면서 상담문의가 늘고 있다.

"너무 답답해서 그래요. 제 동생은 반려식물과 벽에다 대고 말을 건네면서 마음을 달래고 있어요. 괜찮을까요?"

"그것도 아주 좋은 방법이에요. 하지만 벽이나 식물이 대답을 해 오면 정신과 진료를 꼭 받으셔야 해요. 아셨죠?"

나의 유머 노트

나의 유머 노트

나의 유머 노트

나의 유머 노트

유머 바이러스

임종 유머 베스트 05

어쩔 수 없지

오랜 친구 사이인 두 할머니가 만나 이야기를 나누고 있었다.
서로의 안부를 묻고 나서 한 할머니가 말했다.
"바깥 영감은 잘 계신감?"
"지난주에 죽었다오. 저녁에 먹을 상추를 뜯으러 나갔다가 심장마비로 쓰러졌지 뭐유."
"저런 쯧쯧, 정말 안됐소. 그래서 어떻게 하셨소?"
"뭐, 별수 있나? 그냥 깻잎에다 먹었지."

유머 바이러스

임종 유머 베스트 06

본인 확인

민원인이 동사무소를 찾았다.
사망신고서를 접수하는 공익요원이 묻는다.
"본인이신가요?"
민원인이 놀라 되묻는다.
.
.
.
"꼭 본인이 와야 하나요?"

유머 바이러스

임종 유머 베스트 07

듣고 싶은 말

미국인 3명에게 '당신의 장례식에 참석한 조객들이 당신의 열린 관을 지나가면서 무슨 말을 하기를 바라느냐'고 물었다.
"물론 나를 칭찬하는 말 한마디죠."
두 번째 사람도 마찬가지였다.
그런데 나머지 한 명은 이렇게 말했다.
.
.
.
"어, 어! 이 친구가 방금 움직였어!"

유머 바이러스

임종 유머 베스트 08

부모님의 평생 소원

몇 년 전에 뉴욕에 살던 한 코미디언이 죽기 전에 이런 유언을 남겼다.
"내가 죽으면 내 시체를 해부실습용 대상으로 기증하겠소. 특별히 하버드 대학으로 보내 주길 바라오."
그 이유를 묻자 그가 답했다.
"이것이 부모님의 소원을 들어 드릴 수 있는 유일한 방법이기 때문이오. 부모님의 평생 소원은 내가 하버드 대학에 들어가는 것이었소."

나의 유머 노트

나의 유머 노트

나의 유머 노트

나의 유머 노트

유머 바이러스
임종 유머 베스트 09

국화꽃

좋은 소식 : 살다가 처음으로 남편이 꽃을 가져왔네.
나쁜 소식 : 그런데 하얀 국화꽃만 있네.
·
·
·
환장할 소식 : 장례식장 갔다가 아까워서 가져온 거라네.

유머 바이러스
임종 유머 베스트 10

마지막 소망

"돌아가신 뒤 바다에 묻어 달라고요?"
"네."
"왜 하필이면 바다에 묻어 달라고 하신 건가요?"
·
·
·
"마누라가 사흘이 멀다 하고 내가 죽으면 무덤 위에서 춤을 추겠다고 해서……. 바다 위에서 맘껏 춤춰 보라지요, 뭐."

유머 바이러스
임종 유머 베스트 11

증명

"의사 선생님, 영 마음이 놓이지 않아요. 선생님의 진단이 다른 선생님의 진단과 일치하지 않거든요."
"그렇겠죠. 처음 있는 일이 아닙니다. 의사마다 진단이 다를 수 있어요."
"그럼 선생님의 말을 어떻게 증명할 수 있죠?"
"아마도 부검을 해보면 제가 옳았다는 사실이 입증될 겁니다."

유머 바이러스
임종 유머 베스트 12

걱정 마

독일의 통일을 이룬 헬무트 콜 총리는 정원을 청소하다가 수류탄 3개를 주웠다.
아내와 함께 그 수류탄을 경찰서로 가져가는데 아내가 걱정스럽게 말했다.
"여보, 가는 도중에 수류탄 하나가 터지면 어떡하죠?"
그러자 콜 총리가 대답했다.
"걱정하지 마. 경찰에게 2개를 주웠다고 말하면 되니까."

나의 유머 노트

나의 유머 노트

나의 유머 노트

나의 유머 노트

가격: 22,000원
지불방식: 후불제

1. 책을 읽자마자 5분 안에 웃었다면 유머리스트가 맞다. 누군가를 행복하게 하는 일을 위해 책값이 아닌 웃음 값을 지불한다.
2. 여기에서 발견한 유머를 누군가에게 세 번 이상 써먹었다면 그는 세상을 바꿀 행복한 혁신가가 맞다. 웃음을 퍼뜨리는 유머 바이러스가 되어 보라. 세 권을 사서 누군가에게 건넨다. 공짜로 책을 받는 사람의 웃음을 떠올려 보라. 이 세상 이보다 더 재미있는 일이 어디 있겠는가?
3. 책을 읽고 한 번도 웃지 않았다면 돈을 지불할 이유가 없다. 책의 주인은 따로 있다. 처박아 두지만 말고 누군가에게 건네주면 그대는 신사 중 신사다. 숙녀 중 숙녀, 숙녀 같은 신사, 신사 같은 숙녀다.

지불할 곳:
책을 고른 서점의 카운터
수협 1010-1129-4736 예금주-(사)하이패밀리

책의 수익금이 쓰이는 곳: 찜질방 난민들을 돕기 위한 〈잠자는 마을〉 조성과 〈암 파인 땡큐〉에 참여하는 암 환우들을 위한 일, 하이패밀리가 지금까지 해온 '마음병 예방백신' 개발에 쓰인다.